"昆明学院学术著作丛书"编委会

主　　任	陈世波	何　华		
副主任	熊　晶			
编　　委	博　斌	何　杰	唐　敏	赵　平
	詹七一	殷　琪	靳丽芬	武新文
	王震江	毕　涛	徐从发	黄鹤平
	余　珊	田芙蓉	周兴伟	戴祖诚
	马银海	郭丽红	王建华	王定康
	吴　瑛			
工作人员	唐　莉	赵　凤	付　秧	李晓明
	耿开友	刘玉强		

昆明学院学术著作丛书

中国的包容性发展

周 燕 / 著

云南大学出版社
Yunnan University Press

图书在版编目（CIP）数据

中国的包容性发展 / 周燕著. —昆明：云南大学出版社，2015
（昆明学院学术著作丛书）
ISBN 978-7-5482-2314-6

Ⅰ. ①中… Ⅱ.①周… Ⅲ. ①中国经济—经济发展—研究②社会发展—研究—中国 Ⅳ.①F124

中国版本图书馆CIP数据核字（2015）第100250号

策划编辑：徐　曼
责任编辑：徐　曼
责任校对：范　娇
装帧设计：刘　雨

昆明学院学术著作丛书

中国的包容性发展

周　燕 / 著

出版发行：云南大学出版社
印　　装：昆明市五华区教育委员会印刷厂
开　　本：787mm×1092mm　1/16
印　　张：9.25
字　　数：161千
版　　次：2015年7月第1版
印　　次：2015年7月第1次印刷
书　　号：ISBN 978-7-5482-2314-6
定　　价：25.00元

社　　址：昆明市翠湖北路2号云南大学英华园内
邮　　编：650091
电　　话：（0871）65033244　65031071
网　　址：http://www.ynup.com
E-mail：market@ynup.com

前　言

"包容性增长"是由亚洲开发银行于2007年首次提出并逐渐完善的一个概念。2010年9月，胡锦涛同志在第五届亚太经合组织人力资源开发部长级会议上发表题为"深化交流合作　实现包容性增长"的致辞后，包容性增长引起了社会各界的热议，理论界也对包容性增长进行了研究，本书就是作者对包容性增长研究的成果。

包容性增长具有十分丰富的内涵，它不仅对解决当前我国经济社会发展中的一些突出问题有重要作用，而且是未来我国经济社会发展的一个基本指导原则。实现经济的包容性增长，是在21世纪头二十年实现全面建成小康社会奋斗目标和在21世纪中叶实现中华民族伟大复兴的基本路径选择。可以说，我国经济社会发展实质上就是一种包容性发展。

中国的包容性发展不仅是一种经济的增长，而且涉及我国经济社会发展的方方面面，从我国经济社会发展的不同角度看，都可以诠释包容性发展。从不同的角度看，中国的包容性发展是和平发展，是民主发展，是和谐发展，是共赢发展，是科学发展，是可持续发展，是文明发展，是共同发展，是均衡发展，它们共同构成了中国包容性发展的基本内容。本书在对包容性增长内涵、实现途径、作用进行分析的基础上，系统地阐述了中国包容性发展的基本内容和当前我国实现包容性发展的基本思路，对中国的包容性发展做了积极有益的探索。希望本书的出版，能够为研究者和决策者提供借鉴、参考。

在本书的撰写过程中，作者参阅了大量的资料，吸收了一些有益的研究成果。在此，谨向从事包容性增长研究的同仁们表示衷心的感谢。由于作者水平有限，书中难免存在一些不妥之处，敬请读者提出宝贵意见。

作　者

2014年12月于昆明

目 录

第一章 包容性增长内涵、实现途径和作用 …………………………（1）
 第一节 包容性增长内涵 …………………………………………（1）
 第二节 包容性增长的实现途径 …………………………………（5）
 第三节 包容性增长的作用 ………………………………………（9）

第二章 中国的包容性发展是和平发展 ……………………………（14）
 第一节 和平发展是时代对我国发展的必然要求 ………………（14）
 第二节 和平发展要求实现包容性增长 …………………………（18）
 第三节 新形势下坚持走和平发展道路需要处理好的几个重要
    问题 …………………………………………………………（22）
 第四节 新一代中央领导集体对和平发展思想的发展 …………（26）

第三章 中国的包容性发展是民主发展 ……………………………（30）
 第一节 民主发展是时代对我国发展的必然要求 ………………（30）
 第二节 民主发展需要实现包容性增长 …………………………（34）
 第三节 新形势下坚持走民主发展道路需要处理好的几个重要
    问题 …………………………………………………………（39）

第四章 中国的包容性发展是和谐发展 ……………………………（44）
 第一节 和谐发展是时代对我国发展的必然要求 ………………（44）
 第二节 和谐发展需要实现包容性增长 …………………………（48）
 第三节 新形势下坚持走和谐发展道路需要处理好的几个重要
    问题 …………………………………………………………（52）

第五章 中国的包容性发展是共赢发展 (57)
第一节 共赢发展是时代对我国发展的必然要求 (57)
第二节 共赢发展需要实现包容性增长 (61)
第三节 新形势下坚持走共赢发展道路需要处理好的几个重要问题 (66)

第六章 中国的包容性发展是科学发展 (71)
第一节 科学发展是时代对我国发展的必然要求 (71)
第二节 科学发展需要实现包容性增长 (76)
第三节 新形势下坚持走科学发展道路需要处理好的几个重要问题 (80)

第七章 中国的包容性发展是可持续发展 (85)
第一节 可持续发展是时代对我国发展的必然要求 (85)
第二节 可持续发展需要实现包容性增长 (89)
第三节 新形势下坚持走可持续发展道路需要处理好的几个重要问题 (93)

第八章 中国的包容性发展是文明发展 (98)
第一节 文明发展是时代对我国发展的必然要求 (98)
第二节 文明发展需要实现包容性增长 (102)
第三节 新形势下坚持走文明发展道路需要处理好的几个重要问题 (106)

第九章 中国的包容性发展是城乡共同发展 (111)
第一节 城乡共同发展是时代对我国发展的必然要求 (111)
第二节 城乡共同发展需要实现包容性增长 (115)
第三节 新形势下坚持走共同发展道路需要处理好的几个重要问题 (119)

第十章　中国的包容性发展是均衡发展……………………………（124）
　　第一节　均衡发展是时代对我国发展的必然要求……………（124）
　　第二节　均衡发展需要实现包容性增长…………………………（128）
　　第三节　新形势下坚持走均衡发展道路需要处理好的几个重要
　　　　　　问题…………………………………………………………（132）

参考文献………………………………………………………………（138）

后　记…………………………………………………………………（139）

第一章　包容性增长内涵、实现途径和作用

包容性增长，从内涵上看，是公平共享的增长，是协调和谐的增长，是科学文明的增长，是和平的增长。从实现途径看，主要包括积极推动经济增长、构建公平的社会机制、推进教育的改革和发展、完善社会保障制度、积极扩大就业、提高就业质量等五个方面。包容性增长对未来中国的发展来说，具有重要的作用和意义，包容性增长可以促进共同富裕的实现，可以促进社会公平的实现，可以促进民生的改善和人民群众生活水平的提高，可以促进社会主义和谐社会的建设，可以促进区域经济的协调发展。

第一节　包容性增长内涵

一、理论界对"包容性增长"的诠释

"包容性增长"（inclusive growth）是 2007 年由亚洲开发银行（简称"亚行"）提出并逐渐完善的一个概念，2010 年 9 月，胡锦涛同志在第五届亚太经合组织人力资源开发部长级会议上发表题为"深化交流合作　实现包容性增长"的致辞。胡锦涛强调，国际金融危机的发生和应对使我们更加深刻地认识到，在经济全球化深入发展的今天，要推动世界经济可持续增长、有效应对世界经济面临的风险和挑战，各国各地区必须加强交流合作，协力解决经济发展中的深层次、结构性问题。实现包容性增长，切实解决经济发展中出现的社会问题，为推进贸易和投资自由化、实现经济长远发展奠定坚实的社会基础，这是亚太经合组织各成员需要共同研究和着力解决的重大课题。胡锦涛同志指出，实现包容性增

长，根本目的是让经济全球化和经济发展成果惠及所有国家和地区、惠及所有人群，在可持续发展中实现经济社会协调发展。我们应该坚持发展经济，着力转变经济发展方式，提高经济发展质量，增加社会财富，不断为全体人民逐步过上富裕生活创造物质基础；坚持社会公平正义，着力促进人人平等获得发展机会，不断消除人民参与经济发展、分享经济发展成果方面的障碍；坚持以人为本，着力保障和改善民生，努力做到发展为了人民、发展依靠人民、发展成果由人民共享。在这一篇致辞中，胡锦涛同志倡导实现包容性增长，以解决经济社会发展中出现的问题。包容性增长提出的一些新的理念，将会对未来我国经济社会的发展产生深远的影响。

包容性增长这一概念提出后，尤其是胡锦涛同志的讲话后，在理论界引起了热议，很多专家学者从不同的方面对包容性增长的含义做了诠释。国家发展与改革委员会宏观经济研究院副院长、研究员马晓河在接受《中国经济周刊》专访时认为：包容性增长包括经济、政治、文化、社会、生态等各个方面，经济增长应该是互相协调的。亚行驻中国代表处副代表、首席经济学家汤敏在接受《中国经济周刊》专访时认为："包容性增长应该有各种各样的含义，包括环保、和谐社会等诸多方面的改变，但我认为，最核心的含义，就是经济增长让低收入人群受益，最好是让其多受点益。"亚行驻中国代表处高级经济学家庄健在接受《中国经济周刊》专访时认为：包容性增长是在保持较快经济增长的同时，增长也要是可持续的、协调的、更多关注社会领域发展的。成都大学副校长张其佐认为："包容性增长的基本含义是指针对经济社会发展过程中出现的发展失衡、分配不公、社会差距持续扩大、困难群体利益受损等问题，通过法律法规、宏观调控、管理监督、司法救济等多种手段来创造平等机会，使经济增长成果惠及社会各群体，尤其是让困难群体更多受惠。"冷淑莲认为："包容性增长彰显的是民本情怀，弘扬的是社会包容，追求的是社会和谐。"陆岷峰、张惠认为："包容性增长强调经济增长可共享、可包容、可调节，是世界共同的价值观与发展目标。"四川大学经济学院王领教授认为："包容性增长，必须强调两个方面，即参与和共享，这也是社会包容的基本含义。"华中科技大学经济发展研究中心副主任张建华认为："包容性增长就是在机会平等基础上的增长。就一国而言，包容性增长既要强调为所有人创造机会，又要让所有人获得机会。"黄铁苗认为："包容性增长，是指人类在和谐精神的指引下，不同体制、不同意识形态的国家、地区、民族，在促进人类进步的活动中，能够相容、相生、相协，以实现共赢共享的发展。"由此看来，包容性增长的基本内涵就是公平性的增长，是包容更多的人群和地区的增长。在包容性增长的指导下，经济增长所惠及的就不仅仅是一部分人、少数人，改革的成果也就不会仅仅为少数人、个别人所分享。包容性增长将使经济发展的实惠更多地为广大的普通老百姓所享受，使更多普通人群的生活得到实质性的提高和改善。

二、包容性增长的内涵

包容性增长是在公平的基础上，由大多数成员共享受经济增长的成果，从而推动社会科学文明、协调和谐发展的增长。包容性增长作为一个还在逐步完善的概念，目前在理论界还没有一个比较完善的解释。从包容性增长提出的背景和当前我国经济社会发展的实际看，笔者认为包容性增长的含义主要应该包括四个方面。

第一，包容性增长是一种公平共享的增长，既要让社会绝大多数成员共享经济增长的成果，又要让社会绝大多数成员公平合理地享受经济增长的成果，让经济增长的成果公平地包容社会绝大多数成员。包容性增长首先是一种公平的增长，所谓公平的增长，既指社会的全体成员在经济社会发展中，其发展的机会要公平，也指社会的全体成员要能够公平地分享经济增长的成果。所谓共享的增长，主要是指社会的全体成员要能够共同享受经济增长的成果，不能一部分人享受了经济增长的成果，而另外一部分人没有享受到经济增长的成果。只有经济增长实现公平共享的增长，才能保证在生产力发展的基础上实现共同富裕的目标，体现社会主义的本质要求。

第二，包容性增长是一种协调和谐的增长。协调增长表现为：区域经济的增长要协调，发达地区的增长要包容不发达地区的增长。对于我国而言，东部地区的发展要包容中西部地区的发展，实现区域经济的协调发展；城乡经济的增长要协调，城市的增长要包容农村的增长，实现城乡经济的协调发展；经济增长和环境改善要协调，经济的增长要能够包容环境的改善。要把环境保护作为一项基本国策，在发展生产力的同时，重视生态的改善和环境的保护，实现经济的绿色发展和人与自然的和谐；经济增长和社会发展要协调，二者要相互包容，相互促进，共同提高。在强调以经济建设为中心的同时，加快以改善民生为重点的社会建设，切实解决好人民群众在就业、就学、医疗、住房、社会保障等方面的问题，提高人民群众的生活水平。协调的增长必然带来社会的和谐发展。

第三，包容性增长是一种科学文明的增长。包容性增长作为一种科学的增长，主要包含三个基本内容：首先是经济增长是有质量和有效益的增长，要实现速度和效益的相互包容。在经济增长方面，不仅要保持适当的经济增长速度，而且更要注意经济增长的质量和效益，经济增长的速度、质量、效益要能够相互包容，以促进国民经济又好又快的发展，实现速度和效益的统一。其次是在增长的目的上，既要通过经济增长实现国家的强大，又要通过经济增长实现人民的富裕，实现国家强大和人民富裕的相互包容。从我国目前的情况看，经济增长要达到两个基本的目的，一是要在经济增长的基础上实现国家的强大，把我国建设成为一个世界一流的强国，实现中华民族伟大复兴的"中国梦"；二是要在经济增长的基础上提高人民群众的生活水平，实现人民的富裕幸福。实现国家强大和人民富裕这两个目的既有统一的一面，也有矛盾的一面。实现经济的包容性增长，就要求把国家强大和人民富裕幸福统一起来，实现国家强大和人民富裕的相互包容。最后是在增长的内容上，不仅要通过生产力的发展，创造更多的物质财富，而且要通过生产力的发展和文化体制的改革，创造更多的精神财富，使物质财富的增长和精神财富的增长能够相互包容，实现物质财富的增长和精神财富的增长的包容和统一。包容性增长作为一种文明的增长，主要包含三个方面的基本内容：一是不能依靠掠夺来增长，经济增长要建立在生产力发展和科学技术进步的基础上，通过文明的方式取得，经济增长不能通过对自然的掠夺、对弱势群体的掠夺来实现；二是在经济增长的同时，要创造条件提高人民群众的综合素质，促进和实现人的全面发展，实现经济增长和社会文明的发展要相互包容，经济增长要能够包容个人文明程度的提高和思想道德素质的提高，经济增长要能够包容社会文明程度的提高；三是经济增长要包容文化的发展，在经济增长的同时，要采取多种措施，通过不同的途径和方法，大力发展文化产业和文化事业，促进社会主义文化的发展和繁荣，为人民群众提供丰富的精神食粮，为实现人的全面发展创造条件，并通过文化产业和文化事业的发展推动经济的增长，提高国家的文化软实力。

第四，包容性增长是一种和平的增长。包容性增长不仅具有国内方面的含义，延伸来看，包容性增长还具有国际方面的含义。从国际方面看，包容性增长是一种和平的增长。包容性增长作为一种和平的增长，主要包含三个基本内容：（1）国家与国家之间在经济发展方面要相互包容。实现包容性增长，根本目的是让经济全球化和经济发展成果惠及所有国家和地区、惠及所有人群。从国与国之间的关系看,包容性增长应该是一个国家实现了增长而不去损害或者抑制别国,不给对方带来危害,是国与国之间协调、和谐的增长,是共赢和多赢的增长。(2)发达国家的增长要能够包容发展中国家的增长。从目前世界经济发展的情况看,欧美的发达国家在实现自己经济增长的同时,没有很好地包容发展中国家的经济增长,个别发达国家的经济增长是建立在对发展中国家掠夺的基础上的。只不过是掠夺的方式由以前赤裸裸的抢劫变成了在某种"文明"外衣掩盖下的经济掠夺。在这种情况下,发达国家的经济增长就损害了发展中国家的利益,导致了国与国之间一些矛盾的激化,这也是当今世界动荡不安的一个重要原因。国与国之间要在经济方面实现包容性增长,就要求发达国家不能为了自己经济的增长去损害发展中国家的利益,去影响发展中国家的发展。发达国家应该通过自身的努力实现经济增长,能够使自己的经济增长包容发展中国家的经济增长。(3)军事侵略不应该成为一国经济增长的手段。从历史上看,一些发达的资本主义国家,为了实现本国经济的增长,对外采取了军事侵略的方法。通过军事侵略去掠夺别国的资源,开辟国际市场,把自身经济的增长建立在牺牲别国利益的基础上。在近代,日本经济的增长就主要是建立在对其他国家,特别是对我国进行军事侵略的基础之上。近年来,以美国为首的西方国家,对南联盟(即南斯拉夫联盟共和国,2003年改国号为"塞尔维亚和黑山")、伊拉克、利比亚的军事行动实际上也是一种军事侵略,这种军事侵略虽然在一定程度上促进了美国经济的增长,但却使被侵略国家的经济大幅度倒退,因此可以说美国经济的增长并没有包容到南联盟、伊拉克、利比亚等国的经济增长。实现国与国之间经济的包容性增长,应该把经济增长建立在本国生产力发展的基础上,不应该把对别国的军事侵略作为本国经济增长的一种手段。

第二节 包容性增长的实现途径

包容性增长作为"十二五"期间及未来一个较长时期转变经济增长方式,推动社会主义和谐社会建设的基本路径,其实现的途径主要有五个方面。

第一,积极推动经济增长。包容性增长首先是一种增长,没有经济增长就不会有国家的强大和人民的富裕,就没有全面小康社会的实现和中华民族伟大复兴的实现。要实现包容性增长,需要在发展生产力的基础上积极推动经济增长。包容性增长和以经济建设为中心从本质上来讲是一致的，只有坚持以经济建设为中心，把发展作为党执政兴国的第一要务，切实推动经济的增长，才能提高我国的综合国力，促进祖国统一大业的完成，才能进一步提高人民群众的物质文化生活水平，促进和实现人的全面发展，才能创造出比资本主义更发达的生产力，充分体现社会主义制度的优越性。以发展为主题，用发展的眼光、发展的思路、发展的办法，才能不断克服和解决我国经济社会发展中的困难和问题，推动中国特色社会主义事业的发展。所以，包容性仍然要坚持以经济建设为中心，提高经济增长的质量和效益，只有这样，才能夯实包容的物质基础，通过公平的分配机制来实现经济增长成果的共享。从某种意义上说，没有增长就没有包容。在积极着力推动经济增长的同时，要注意把握好几个问题：一是在拉动经济增长的动因方面，要切实通过扩大内需来拉经济增长，只有以扩大内需为主，才能使经济增长的成果为国内的老百姓所享受，而不是把污染留在国内，把财富奉献给世界；也只有扩大内需，才能真正提高人民的生活水平，实现经济增长成果为社会绝大多数成员共享的目的；也只有扩大内需，经济才会有长期的增长动力，才能保持我国经济持续稳定的增长。二是把经济增长方式切实转移到依靠科技进步和劳动者素质提高的轨道上，才能减少资源的耗费，有利于资源的节约和环境的保护，实现经济增长和资源节约、环境保护的包容。三是注意发展的均衡性，积极推进西部大开发的工作，重点推动边疆少数民族地区和农村的发展，解决区域经济发展不平衡和城乡发展不平衡的问题，实现不同区域经济增长的包容和城乡发展的包容。

第二，构建公平的社会机制。包容性增长，最基本的含义是公平，核心也是公平。因为，只有公平，才能真正让绝大多数社会成员共享经济增长的成果，才能实现城乡之间、地区之间、高收入者和低收入者之间、人与人之间、人与社会之间的相互包容，才能促进和实现经济发展和社会发展、经济增长和环境保护的包容和协调，推动和促进社会主义和谐社会的建设。从我国目前经济社会发展的实际出发，构建公平的社会机制，主要包括以下几个方面：一是构建公平的制度。制度公平是社会公平的基础，没有制度公平，就不可能有社会的公平。制度公平能够为每个公民提供公平合理的发展预期，能够使遵纪守法的公民通过自己的勤奋努力获得成功，能够保障每个公民自主地选择职业和自由流动，能够为每个公民的创新行为提供制度激励。我国目前在制度公平方面存在的主要问题是制度的公开度和透明度不高，由于制度的公开度和透明度不高，很多问题就有了暗箱操作的机会，这影响了社会公平的实现。所以，在构建制度公平方面，目前重点要解决的问题是制度的公开和透明，以促进社会公平的实现。二是着力促进人人获得平等的发展机会。包容性增长本质是机会的平等，而不是结果的平等。机会公平是社会公平的主要决定点，人人都能够获得平等的发展机会是实现包容性增长的基础。要着力促进人人获得平等发展的机会，建立以权利公平、机会公平、规则公平、分配公平为主要内容的社会公平保障体系和机制，消除人民参与经济发展、分享发展成果的障碍。目前，我国不同阶层的人群在享受发展机会上是不平等的，城市居民的发展机会明显多于农村居民，大城市居民的发展机会明显多于中小城市的居民，社会中上层的发展机会明显多于社会中下层。机会的不公平不仅使不同社会群体的收入差距在拉大，而且使不同社会群体之间的矛盾也在激化，影响了社会主义和谐社会的建设。着力促进人人获得平等的发展机会，不仅是实现包容性增长的需要，也是构建社会主义和谐社会的需要。三是推进城乡公共服务的公平。从我国当前的实际看，农村居民和城市居民不仅在机会上，而且在实际上都不能够公平地享受经济增长的成果，尤其是在教育、医疗等公共服务领域，这也是造成城乡二元结构的一个重要原因。可以说，社会公平问题的症结在农村，突破口也主要在农村。所以，要在经济增长的基础上，推进城乡公共服务均等化，改善农村在教育、医疗等方面的不平等状态，使农村居民能够和城市居民平等地享受社会公共服务。

第三，推进教育的改革和发展。包容性增长的实现与教育的改革和发展有密切的关系，因为，要让绝大多数社会成员公平地分享经济增长的成果，缩小收入差距，提高生活水平和质量，必须依靠劳动者素质的提高。如果劳动者的素质得不到切实提高，公平分享经济增长的成果可能会诱发新的平均主义，影响效率的提高，影响经济的增长。推进教育的改革和发展，提高劳动者的素质，既是促进人的全面发展的必然要求，也是实现经济包容性增长的重要保证。从包容性增长的角度看，目前教育的改革和发展，主要需做好三方面的工作：一是大力发展和调整优质教育资源，促进优质教育资源在城乡和地区间的均衡化，逐步实现教育公平。改革开放三十多年来，我国的教育得到了快速的发展，基本上解决了教育资源不足的问题。九年义务教育的普及和高等教育实现了大众化，基本满足了人民群众对教育的需求。目前，在教育方面，从幼儿教育一直到高等教育，都存在优质教育资源不足的问题。未来教育改革发展的一个基本方向就是大力发展和调整优质教育资源，促进优质教育资源在城乡和地区间的均衡化，逐步实现教育公平。二是调整教育结构，大力发展职业教育，并把高等教育和职业教育结合起来，培养能力与学历匹配、技能与需求匹配的企业需要的技能型人才。目前我国教育改革发展中的一个突出问题是教育结构不合理的问题，特别是职业教育无论在规模上还是在质量上都同经济社会发展的要求不一致。职业教育，尤其是高等职业教育发展的滞后，使教育培养的人才满足不了经济社会发展的要求，这在一定程度上影响了经济社会的发展。为此，在教育改革发展中，要调整教育结构，大力发展职业教育，并把高等教育和职业教育结合起来，培养能力与学历匹配、技能与需求匹配的企业需要的高素质技能型人才。三是要把教育和职业培训、技能培训、职业资格准入结合起来，形成全社会的均衡人才结构，实现人才与岗位的无缝匹配。

第四，积极完善社会保障制度。当前，我国经济增长成果没有能够完全实现公平共享的一个重要原因，就是社会保障制度的不完善。社会保障制度的不完善表现在：一是社会保障覆盖面不够广，一部分社会成员，特别是社会的弱势群体，还没有被社会保障制度这一张"网"覆盖；二是社会保障的水平不高，还不能够完全满足社会成员最基本的生活需求，还不能完全起到"托底"的作用；三是社会保障制度不公平，不同的社会阶层在享受社会保障方面存在不公平的问题，城市居民和农村居民、城市居民的不同阶层在享受社会保障方面有不同的待遇，城市居民在享受社会保障方面明显优于农村居民，城市中的机关事业单位工作人员在享受社会保障方面明显优于企业职工和其他阶层。社会保障制度的不完善，表明经济增长成果没有包容到社会的弱势群体，这就引发了一些社会矛盾，影响了社会主义和谐社会的建设。在当前，完善社会保障制度，主要应做好四个方面的工作：一是在经济增长的基础上逐步扩大社会保障的覆盖面，尤其要把城市失业人员、进城务工农民、未享受到养老保险的老年人和农村居民纳入到社会保障体系中，尽快实现社会保障的全覆盖。二是在经济增长的基础上逐步提高社会保障的水平，保证弱势群体的生活水平能够得到逐年提高，让社会的弱势群体更多地分享一些经济增长的成果，以缩小收入的差距，缓解社会矛盾。三是在房价居高不下的情况下，加大廉租房、公租房建设的力度，解决中低收入者的住房问题，让中低收入者居有其屋。如果老百姓连基本的住房需求都得不到满足，就谈不上生活质量的改善和生活水平的提高，就谈不上经济增长的包容。四是坚持广覆盖、保基本、多层次、可持续的原则，加强社会保险、社会救助、社会福利的衔接和协调，确保人民群众的基本生活。

第五，积极扩大就业，提高就业质量。在近现代社会中，充分就业始终是经济发展的首要目标，劳动者只有实现了就业，才能通过劳动为社会创造价值和财富，并从社会获得自己生存和发展所需要的物质条件，在促进经济社会发展的过程中实现自身的发展，实现经济增长成果的公平共享。充分就业既是实现人的全面发展的要求，也是实现经济包容性增长的保障。没有充分就业作保证，一部分社会成员就失去了全面发展的机会，这一部分社会成员就难以公平地分享经济增长的成果，共同富裕的目标就难以实现。从包容性增长的角度看，目前在就业方面，应主要做好三方面的工作：一是在促进教育公平发展的基础上，优先开发人力资源，提高劳动者的素质，使每个人公平享有依靠自己的劳动为社会创造价值、为自己创造财富的机会，各种职业和岗位也能够找到合适的人来从事和担任，解决人力资源与就业岗位的结构性矛盾，为实现充分就业打好基础。二是大力发展服务业。在现代社会中，由于科学技术的进步和生产力水平的提高，第一、第二产业吸纳的劳动力数量在不断减少，而第三产业的发展，既能够方便人民群众的生活，提高人民群众的生活水平，又能够大量增加就业岗位，促进就业。在产业结构的调整方面，要大力发展第三产业，尤其是现代服务业，既促进经济结构的转型和产业结构的升级，又为社会提供更多的就业岗位，促进充分就业的实现。三是政府要通过经济、法律、行政等措施，提高劳动者的薪酬水平，并使劳动者工资的增长速度和经济增长的速度相一致，使劳动者的薪酬水平能够在经济增长的基础上得到逐年增长，要保证劳动者工作的基本稳定，保证劳动者基本的社会地位，促进体面就业，提高就业质量。

第三节 包容性增长的作用

2010年9月，胡锦涛同志在第五届亚太经合组织人力资源开发部长级会议开幕式致辞中，首次倡导要实现"包容性增长"。包容性增长的提出，对当前及未来中国经济社会的发展将产生重要的影响，具有积极的意义。包容性增长对我国经济社会发展的意义主要表现在以下五个方面：

一、包容性增长可以促进共同富裕的实现

社会主义从根本的目标上看，是要实现共同富裕。共同富裕也是社会主义和资本主义的一个本质区别。邓小平同志曾指出:"社会主义原则,第一是发展生产力,第二是共同致富。"(《邓小平文选》第三卷,人民出版社1993年版,第172页。)"社会主义最大的优越性就是共同富裕,这是体现社会主义本质的一个东西。"(《邓小平文选》第三卷,人民出版社1993年版,第364页。)

包容性增长作为一种公平和共享的增长,可以促进共同富裕的实现,因为包容性增长是一种共享的增长,它要求让社会的绝大多数成员共同分享经济增长的成果,而社会的绝大多数成员如果能够共同分享经济增长的成果,必然会促进共同富裕的实现。早在改革开放初期,邓小平同志就提出了让一部分地区、一部分人先富起来,最终实现共同富裕的设想。改革开放三十多年来,我国在生产力快速发展,经济总量迅速增长的同时,人民群众的生活水平也得到了大幅度的提高,从温饱不足变成小康有余。但是,收入差距过大和贫困人口的数量较多仍然是目前困扰我国经济社会发展的一个突出问题。根据相关资料,按照国家最新修订的贫困标准(农村居民家庭人均纯收入2 300元人民币/年),到2013年年末,我国的农村贫困人口有8 200万人左右,到2012年年末,云南省的农村贫困人口有804万人左右。在少数人富裕起来的同时,一部分人民群众的生活还相当困难。出现收入差距过大和贫困人口的数量较多这一问题的一个重要原因就是社会成员没有能够共同分享经济增长的成果,或者在分享经济增长的成果时出现不公平的问题。一部分社会成员没有分享到或者很少分享到经济增长的成果,一部分社会成员过多地分享了经济增长的成果。一部分人富起来的途径和手段又不是十分光明,富起来之后又没有很好地履行应尽的社会责任,一部分富人没有很好地包容穷人,致使不同的社会成员出现了收入差距过大的问题,影响了共同富裕的实现。解决这一问题的基本办法就是实现经济的包容性增长,让绝大多数社会成员共同分享经济增长的成果,最好是能够让低收入群体多享受一点经济增长的成果,以缩小收入差距,促进共同富裕的实现。

二、包容性增长可以促进社会公平的实现

实现社会公平同样是社会主义追求的一个价值目标,社会主义不仅应该是一个共同富裕的社会,也应该是一个公平正义的社会。《中共中央关于构建社会主义和谐社会若干重要问题的决定》,把构建公平正义的社会作为构建社会主义和谐社会的一个基本目标。

包容性增长不仅是一种共享的增长,也是一种公平的增长。包容性增长是一

种公平共享的增长,既要让社会绝大多数成员共享经济增长的成果,又要让社会绝大多数成员公平合理地享受经济增长的成果,让经济增长的成果公平地包容社会绝大多数成员。实现经济的包容性增长,让全体社会成员公平地分享经济增长的成果,在经济增长的基础上不断提高生活质量和生活水平,并在经济增长的基础上实现自身的全面发展,必然会推动和促进社会公平的实现,为构建社会主义和谐社会创造良好的社会条件。改革开放三十多年来,我国的生产力得到了快速发展,综合经济实力得到迅速增强,到2010年,我国已成为世界第二大经济体。在国家综合经济实力迅速增强的同时,人民群众的生活水平也得到了迅速提高,在21世纪初整体进入了小康社会并开始了全面建设小康社会的历史进程。在改革开放取得巨大成就的同时,我们也必须清楚地看到,在我国的经济发展中,还存在着诸多的问题,其中一个比较突出的问题就是不同的社会成员在享受经济增长成果上的不公平。表现在:东部与西部地区的社会成员不能公平享受经济增长成果;农村居民和城镇居民不能公平享受经济增长成果;社会的不同阶层不能公平享受经济增长成果。不同社会成员在机会上的不公平,导致了诸如区域经济发展失衡、城乡发展失衡、居民收入差距过大、一部分社会成员生活困难等问题,并在很大程度上影响了社会的和谐稳定。实现经济的包容性增长,从源头上解决不同社会成员在享受机会上的公平问题,让经济增长的成果公平地惠及所有社会成员,必然会推动和促进社会公平的实现。

三、包容性增长可以促进民生的改善和人民群众生活水平的提高

改善民生,促进人民群众生活水平的提高,既是社会主义的本质要求,也是落实科学发展观发展为了人民、发展依靠人民、发展成果由人民共享的基本要求。从长远来看,改善民生,提高人民群众生活水平,既是社会主义制度发展的力量源泉所在,也是社会主义最终战胜资本主义的基本保证。既要重视经济建设,也要加强社会建设,要在经济增长的基础上,关注民生的改善,使人民群众的生活质量和生活水平在经济增长的基础上能够得到切实的提高,以体现科学发展观的要求和发挥社会主义制度的优越性。

改革开放三十多年来,我国在经济快速发展的同时,民生问题有了一定的改善,人民群众的生活水平也有了很大的提高。但是,由于经济发展没有很好地包容社会的发展,社会发展在一定程度上滞后于经济的发展,致使就业、住房、就学、就医、社会保障等民生问题没有得到很好的解决,并在一定程度上影响了人

民群众生活水平的提高。包容性增长强调经济的发展要能够包容社会的发展，使经济发展和社会发展相互协调，这就需要加强以改善民生为重点的社会建设。近几年来，在科学发展观的指导下，党和政府加强了社会建设的力度。提出了"十二五"期间要重点推进城乡基本公共服务均等化，主要包括公共就业服务、社会保障、义务教育、基本医疗卫生、公共文化体育、福利救助服务等领域。由于党和政府切实践行包容性增长，近年来，我国的社会建设有了较快的发展，民生问题在一定程度上得到了改善：九年义务教育的普及和教育资源的增加，基本解决了人民群众"上学难"的问题；就业是民生之本，经过党和政府及社会各界的努力，就业问题得到了一定程度的解决，就业率和就业质量都在稳步提高；公租房、廉租房在各地大量建设，在一定程度上缓解了人民群众"住房难"的问题；新型农村合作医疗、城镇无业人员的医疗保险和养老保险稳步推进……这些，都是近年来我国民生问题得到明显改善的基本表现。民生的改善，不仅会使人民群众的生活变得更加方便，也会使人民群众的生活水平在经济发展的基础上得到切实的提高。

四、包容性增长可以促进社会主义和谐社会的建设

社会和谐是中国特色社会主义的本质属性，是国家富强、民族振兴、人民幸福的重要保证。实现社会和谐，既是人类孜孜以求的社会理想，也是中国共产党人不懈追求的社会理想。中国共产党在领导中国人民推进中国特色社会主义伟大事业的过程中，提出了构建社会主义和谐社会的战略目标，体现了中国特色社会主义的本质要求。

从2006年10月十六届六中全会审议通过了《中共中央关于构建社会主义和谐社会若干重大问题的决定》到现在，已经有8年多的时间。在这8年多的时间里，社会主义和谐社会建设扎实推进，社会主义和谐社会建设取得了一些阶段性的成果。但是，我国目前社会还存在很多不和谐的因素。产生社会不和谐因素的原因有很多方面，其中一个基本的原因就是经济没有真正实现包容性增长。由于经济增长的成果没有包容到社会绝大多数成员，没有实现公平共享的增长，导致了不同社会成员收入差距过大和贫困人口基数还很大的问题，影响了人与人之间关系的和谐；由于经济的增长没有包容生态环境的改善，使我国在经济增长的同时，生态遭到了一定程度的破坏，环境受到了一定程度的污染，影响了人与自然的和谐；由于城市的发展没有能够很好地包容农村的发展，导致了城乡之间发展的不平衡，农村发展的长期滞后，也必然会影响到社会主义和谐社会的建设；由于经济的增长没有能够很好地包容社会的发展，导致了一些社会矛盾的激化，也在一定程度上影响了社会的和谐稳定和社会主义和谐社会的建设，一些群体性事件和社会公共安全事件的发生，正是一些社会矛盾激化的表现。实现经济的包容性增长，使经济增长的成果能够包容到绝大多数社会成员，实现经济的公平共享增长，使经济的增长能够包容生态环境的改善，使城市的发展能够包容农村的发展，使经济的增长能够包容社会的发展，必然能够解决或者缓解一些社会矛盾，促进社会主义和谐社会的建设。

五、包容性增长可以促进区域经济的协调发展

区域经济的协调发展既是科学发展观的基本要求，也是保持国民经济持续健康发展的根本要求。我们要在21世纪头二十年实现全面建成小康社会的奋斗目标，并在21世纪实现中华民族伟大复兴"中国梦"的目标，必须逐步缩小区域经济的差距，促进区域经济的协调发展。

改革开放三十多年来，我国在整体经济得到快速发展的同时，区域经济发展的不平衡性和不协调性也在一定程度上增强，东西部之间在经济总量、人均收入、社会发展水平等方面都存在比较大的差距。据相关资料，2013年，广东的国内生产总值为62 163.97亿元，而西藏的则为802亿元，差距达到77倍多；东部广东、江苏、山东、浙江4省的GDP占全国的33%多，西南云南、贵州、四川、重庆4省市的GDP只占全国的9%左右，西北新疆、宁夏、青海、甘肃4省区的GDP只占全国的3%左右。2013年，天津的人均GDP为101 688.85元，而贵州的为22 981.60元，差距达到4.4倍。"地区发展不平衡不仅是经济问题，还是政治问题，我国有56个民族，地区之间宗教不同，地区发展长期的不平衡，势必影响到我国的稳定。"造成区域经济发展失衡的一个重要原因，就是东部地区的发展没有能够很好地包容西部地区的发展。实现经济的包容性增长，让东部地区的发展能够更好地包容西部地区的发展，促进和加快中西部地区经济社会的发展，逐步缩小区域经济发展的差距，必然会对区域经济的协调发展起到积极的促进作用。

第二章　中国的包容性发展是和平发展

在当前，和平与发展仍然是世界的两大主题，中国经济的增长要通过和平的方式来实现。和平发展道路既是符合世界发展潮流的发展道路，也是符合我国国情和时代要求的发展道路。实现经济的包容性增长，就要求我国坚持走和平发展道路，实现和平发展。

第一节　和平发展是时代对我国发展的必然要求

一、我国和平发展道路的特点

在党的十七大报告中，胡锦涛同志指出：中国将始终不渝走和平发展道路。这是中国政府和人民根据时代发展潮流和自身根本利益做出的战略抉择。和平发展道路是既符合世界发展潮流又符合我国国情和时代要求的发展道路。

我国的和平发展道路，是一条争取和平的国际环境发展自己，又以自身的发展促进世界和平的发展道路；是一条依靠自身力量和改革创新实现发展，同时坚持实行对外开放的发展道路；是一条顺应经济全球化发展趋势，努力实现与各国的互利共赢和共同发展的发展道路；是一条坚持和平、发展、合作，与各国共同致力于建设持久和平与共同繁荣的和谐世界的发展道路。我国的和平发展道路，有五个特点。

第一，发展的和平性。从历史上看，现在的一些发达国家在发展的过程中，走上了用武力侵略其他国家，通过掠夺其他国家的资源、财富来获得自身发展的道路。这是一条依靠侵略、掠夺来实现发展的道路，也是大多数发达国家实现自身发展所走的道路。英国在历史上就是通过对外的侵略、掠夺成为了世界上一流的发达国家的,法国、德国、日本也都是通过对外的侵略、掠夺发展起来的。我国在历史上,就遭到了多个帝国主义国家的侵略和掠夺,日本仅通过甲午战争和《马关条约》,就割占了我国的台湾、澎湖列岛和辽东半岛,掠夺了我国2亿3千万两白银,"九一八"事变之后,日本又大肆掠夺我国东北的资源和财富。我国在发展过程中,不能走西方列强侵略、掠夺、战争、扩张那一条老路,而是要走一条和平发展的道路,采取和平的方式,通过大力发展生产力和推动科学技术的进步来实现自己的发展,还要用我们的力量用来为世界和平服务,将发展与和平有机统一起来。

第二,发展的自主性。我国的发展,虽然要通过对外开放吸收其他国家的有利因素来促进自己的发展,但是,我国发展的立足点和基点是自力更生,是通过本国的资源、市场,通过本国人民的辛勤努力来实现自己的发展。通过对内改革,调整与生产力发展不相适应的生产关系和上层建筑,为生产力的发展扫清障碍,解放和发展生产力;通过科技创新推动科学技术的进步来促进生产力的发展;依靠本国人民的智慧和勤奋创造社会财富,推动社会的发展进步;依靠不断扩大内需,在提高人民群众的生活水平的同时能够促进生产力的发展;依靠推进经济发展方式转变,提高经济增长的质量和效益求得自身发展;依靠中国共产党的正确领导和全国各族人民的努力来实现国家的发展和中华民族的伟大复兴。

第三,发展的科学性。我国的和平发展道路还具有科学性,即要实现科学发展。科学发展体现在:既要注重经济增长的速度,也要注重经济增长的质量和效益;既要重视当前的发展,也要关注未来的发展,解决好发展的可持续性;既要重视经济建设,也要重视社会建设,切实改善民生,提高人民群众的生活水平,促进经济和社会的协调发展;既要重视经济的增长,也要重视生态环境的改善,实现人与自然的和谐发展;既要重视东部地区的发展,又要加快中西部地区的发展,促进区域经济的协调发展。发展的科学性就要求我们必须按照中国特色社会主义事业的总体布局,全面推进经济建设、政治建设、文化建设、社会建设、生态文明建设,促进现代化建设的各个环节、各个方面相互协调,促进生产力与生产关系、经济基础与上层建筑的相互协调。要建设以资源环境承载力为基础、以自然规律为准则、以可持续发展为目标的资源节约型、环境友好型社会。要按照以人为本、全面协调可持续发展的科学发展观的要求,既着力推动国民经济又好又快发展,又积极推动和谐社会建设,确保和平发展进程有一个良好的国内环境。

第四，发展的合作性。我国的发展在强调把发展的立足点和基点放在自力更生基础上的同时，还要求通过对外开放，增进和其他国家的合作，实现合作和共赢的发展。发展的合作性要求对外要友好，不要敌视。对世界上的一切国家，特别是我国的邻国和我国重要的贸易伙伴国，要友好相待，只有友好，才能合作；要合作，不要对抗。国家与国家之间要在发展上实现共赢，必须在经济社会、科学技术、社会发展等多方面进行合作，这样，才能取他国之长，补本国之短，实现双方共同的发展。对抗必然会损害到双方的利益，最终影响到双方的发展；要互相信任，不要相互猜疑。国家与国家之间的合作，要建立在互相信任的基础之上，只有相互信任，才能友好合作。相互猜疑和不信任，只会影响双方的合作并影响到双方的发展；要平等相待，不要强加于人。国家与国家之间的合作，还应该建立在平等的基础之上。国家之间不分大小、强弱，应一律平等，大国、强国不能把自己的意志强加给其他国家。国家与国家之间的合作，只有建立在平等的基础之上，才能保持合作的持续性，并实现共同发展。

第五，发展的共同性。中国走和平发展道路，既符合中国自己的利益，也符合世界各国的共同利益。中国的发展，不仅不会影响、威胁到其他国家的发展，不会损害其他国家的利益，还会为其他国家的发展提供更多的机会，带动和促进其他国家的发展。近年来，中国经济的持续快速发展，不仅带动了世界经济的发展，而且为其他国家的发展创造了良好的条件，带动了其他国家的经济的发展。中国坚持自己的国家利益与人类共同利益的一致性，在自身发展的同时，努力与世界各国实现共同发展，决不做损人利己、自私自利的事，决不把自己的发展建立在损害他国利益的基础上。

二、我国的和平发展道路是符合世界发展潮流的发展道路

我国的和平发展道路是符合世界发展潮流的发展道路。因为：（1）由于经济全球化与信息化深入发展，科学技术迅猛发展，世界各国相互联系、相互依存、利益交融达到前所未有的程度，共同利益变得越来越广。在此情况下，世界各国携手应对的问题会越来越多，互利合作的愿望会越来越强。在世界各国已成为"利益共同体"的情况下，任何国家哪怕是最强大的国家也不可能独善其身、单打独斗，任何国家的行为不仅事关自己，也会对其他国家产生重要影响。那种只顾自己不顾别人，以武力征服、威胁别人，或以非和平手段谋求发展空间和资源的做法，越来越行不通。那种以意识形态画线，以各种理由拉帮结伙，一方或

几方就想独揽世界事务的做法，也越来越不得人心。在日益增多的风险和挑战面前，和平发展已成为不可阻挡的时代潮流。（2）求和平、促发展、谋合作，是世界各国人民的共同心愿，也是不可阻挡的历史潮流。任何国家要实现自己的发展目标，都必须顺应世界发展大势。中国外交政策的宗旨是维护世界和平、促进共同发展。中国主张国际关系民主化和发展模式多样化，积极推动经济全球化朝着有利于实现共同繁荣的方向发展，推动建立公正合理的国际政治经济新秩序。中国的发展将给各国带来更多的机会和更广阔的市场。中国将始终不渝地高举和平、发展、合作的旗帜，坚定不移地走和平发展道路，同世界各国人民一道，共同推进人类和平与发展的崇高事业。

符合世界发展潮流的和平发展道路，就是加强同世界各国和平共处、互利合作，恪守和平共处五项原则的道路，是积极营造和平稳定的国际环境、睦邻友好的周边环境、平等互利的合作环境、互信协作的安全环境、客观友善的舆论环境的道路。要把中国人民的根本利益与各国人民的共同利益结合起来，把我国的对外政策主张与各国人民的进步意愿结合起来，以合作谋和平，以合作促发展，以合作解争端。多年来，中国坚持和平、发展、合作的政策主张，坚持独立自主的和平外交政策，本着民主、和睦、公正、包容的精神，发挥建设性作用，努力同各国一道实践建立和谐世界的崇高目标。中国已加入包括国际原子能机构在内的130多个政府间国际组织，加入了《不扩散核武器条约》等267个国际多边条约，在反恐、军控、防扩散、维和、经贸、发展、人权、司法和环境等方面积极参与国际合作。

三、我国的和平发展道路也是符合我国国情的发展道路

我国的和平发展道路也是符合我国国情的发展道路。因为：（1）坚持走和平发展道路，是基于中国特色社会主义的必然选择。改革开放以来，中国坚定不移地走和平发展之路，已经取得了巨大的成就，人民生活得到了根本的改善。事实证明，走和平发展之路，是中国实现国家富强、人民富裕的必由之路，符合中国人民和世界人民的根本利益，符合社会主义的基本原则，也符合世界和平的发展方向。（2）坚持走和平发展道路，是基于中国历史文化传统的必然选择。和平是中国历史文化的传统，特别是近代中国经历了外来势力的入侵和奴役，中国人民深知和平弥足珍贵。新中国成立以来，中国坚持和平共处五项原则，本着求同存异的精神，积极发展同世界各国的友好往来。中国已经成为维护世界和平的

一支坚定力量。

改革开放三十多年来,我国的经济和社会得到了快速发展,人民群众的生活水平也有了很大程度的提高。到2010年,我国已成为世界第二大经济体,中国在国际上的地位和作用越来越重要。但是,我国还是一个发展中的国家,我国要真正发展起来,强大起来,让人民过上幸福的生活,使中华民族屹立于世界民族之林,还有漫长而艰辛的路要走,还需要几代人甚至更长时间的不懈努力。如果我们不走和平发展的道路,不能很好地处理同外部世界的关系,就可能会错失新世纪头二十年国际形势总体和平、大国关系相对平稳和新科技革命迅猛发展提供的发展机遇。我们只有始终坚持走和平发展的道路,紧紧抓住相对和平的国际环境和新科技革命迅猛发展的历史机遇,加快自己的发展,才能尽快使我国强大起来,实现中华民族伟大复兴的历史任务。

世界上一些大国兴衰的经验教训告诉我们:扩张主义的路不能走,军备竞赛的路不能走,称霸世界也是一条死路,只有和平发展才是唯一正确的道路。我国改革开放三十多年取得的辉煌成就说明,通过走和平发展道路是完全能够实现国家发展的,我们选择和平发展道路是完全正确的。即使将来我国发展起来了,强大起来了,我们仍将继续坚定不移走和平发展的道路。因为一个国家越发展就越需要加强同世界各国的合作,就越需要一个和平稳定的国际环境。互利共赢、共同发展,是我们改革开放三十多年来取得的一条基本经验,和平发展道路也是我们必须长期坚持的发展道路。

第二节 和平发展要求实现包容性增长

一、和平发展和经济包容性增长具有一致性

我国在发展道路上,提出了坚持走和平发展道路,实现中华民族的和平崛起。在经济增长方面,提出了要实现经济的包容性增长,让经济增长的成果公平地惠及全体社会成员。和平发展道路和经济的包容性增长在内容和方式上具有一致性,表现在:(1)包容性增长的国际扩展就是和平发展。在经济全球化时代,国家之间的路径选择既具有显著的竞争性和多样性,也具有合作性和趋同性。因而迫切需要不同的经济体之间积极广泛地展开对话、沟通和交流,在相互学习、

模仿和借鉴中，寻求相互间的尊重、肯定和协同，以和平、合作和和谐的发展方式，获取差异化基础上的增长包容、市场兼容和文化共容。在经济均衡、市场优化和制度改进的国际平台上，创构国际社会的经济共荣、和谐共生和成果共享。和平与发展将会成为人类发展的永恒主题，包容性增长表达的正是国际社会普遍共有的这种和平发展诉求。包容性增长模式具有显著的民本主义发展旨向，不但能体现出更加关注民权、民生的新型发展理念，更能满足民众权利发展的制度公平诉求。在这个制度竞争的全球化时代，发展中国家若要跳出发展的陷阱，并实现可持续发展，人口现代化和制度现代化至关重要，这将成为发展中国家实现卓越转型的根本创新路径。（2）世界经济实现包容性增长，就能够促进世界和平的实现。从世界和平的视角看，如果不实践包容性增长，富裕国家会更富裕，贫穷国家则会更贫穷，世界经济两极分化愈发严重，这最终会导致世界无法和谐稳定。包容性增长的提出无疑体现了世界均衡发展、共同发展的内涵。我国改革开放总设计师邓小平同志指出，和平与发展是世界的两大主题，而事实上，当今世界并不是那么和平，那么包容。在世界经济形势好转但基础并不牢固的背景下，某些国家又开始奉行贸易保护主义，利用政治军事等手段抑制他国经济增长，不讲究包容性增长，影响了世界和平与发展，不但不利于改变本国人民就业环境，不利于改善本国人民的生活，也不利于国与国之间的友好关系。倡导包容性增长无疑是实现世界和平发展的良方。（3）包容性增长有利于世界各国的共同繁荣和发展，对促进世界和平具有积极的意义。从世界经济发展角度看，当今世界经济一体化，你中有我，我中有你，国与国之间只有互惠互利、携手共进、包容发展，才能实现世界各国的共同繁荣和发展。虽然和平与发展是当今世界的主题，但当前的世界并不太平，妨碍世界和平的一个重要因素就是富国没有能够很好地包容穷国的发展，致使国与国之间在财富上出现了越来越大的差距，富国越来越富，穷国越来越穷，这一趋势发展下去，必然影响到世界的和平。实现经济的包容性增长，让富国能够更好地包容穷国的发展，逐步缩小国与国之间的贫富差距，必然会对世界和平的实现产生积极的影响。

二、和平发展要求实现包容性增长

和平发展道路是中国特色社会主义道路的重要组成部分，是中国共产党和中国人民的正确选择，我国坚持走和平发展道路，就要求实现包容性增长。

第一，我国走和平发展道路，要求我国的发展要能够包容别国的发展。实现包容性增长，根本目的是让经济全球化和经济发展成果惠及所有国家和地区、惠及所有人群。目前，经济全球化和经济发展成果在世界范围内没有能够实现公平的共享，发达国家更多地享受了经济全球化和经济发展成果，而发展中国家，尤其是亚洲、非洲和拉丁美洲的不发达国家，很少享受到经济全球化和经济发展成果，这和包容性增长的要求是背道而驰的。从国际上看，包容性增长应该是一个国家实现了增长，而不去损害或者抑制别国，不要给对方带来危害，国与国之间应该是协调、和谐的增长，是共赢和多赢的增长。我国要走和平发展道路，就要求不仅我国要发展，而且还要包容别国的发展。因为，从世界经济发展角度看，当今世界经济一体化，你中有我，我中有你，国与国应互惠互利、携手共进、包容发展。如果我国在发展中不能包容别国的发展，不能为别国的发展创造机会，不能促进别国的发展，我国发展的国家环境就会受到影响，也必然会影响到我国的发展。从世界和平的视角看，如果不实践包容性增长，富裕国家会更富裕，贫穷国家则会更贫穷，世界经济两极分化愈发严重，由此将导致世界无法和谐稳定。近年来，我国免除了46个最不发达国家400多亿元人民币的债务，向其他发展中国家提供的援助超过2 000亿元人民币，对世界经济增长的贡献率超过10%，对国际贸易增长的贡献率超过12%，为相关国家和地区创造了数以千万计的就业机会，这表明我国不仅是包容性增长的倡导者，而且是包容性增长的实践者，表明我国的发展能够包容别国的发展。

第二，我国走和平发展道路，提醒世界也要包容中国的发展。从历史上看，中国曾经在世界的发展上处于领先地位，对世界文明的发展做出过积极的贡献。但是，到了近代，中国逐渐落后了，逐步沦为了一个半殖民地半封建国家。国家的贫弱和人民的贫困是旧中国真实的写照。经历了近代多重磨难的中国与世界很多国家一样，有迫切的长时间和平发展的要求，中国对经济增长的要求不是被迫性的，而是自动自发的。自新中国成立以来，我们一直在不断探索增长的新途径，尽管在这个过程中曾经出现过失误和挫折，但是，发展的总趋势并没有改变，中国的增长毫无疑问是整个中华民族对幸福生活的基本的要求。经济不增长，人民就没有条件谈幸福，更没有条件讲和谐；经济不增长，也就没有民生的改善和人民群众生活水平的提高；经济不增长，就没有国家的强大和人民的安宁；经济不增长，中华民族在国际上就没有地位，中国在国际社会中就没有发言权。然而，增长速度加快了以后也容易产生很多副作用，国内会出现一些问题，国际上也会出现一些不和谐声音，比如质疑中国增长的国家也越来越多，尤其是西方国家提到的"中国威胁论"更是令人难以理解,"落后中国"也许是一些国家的真实需要,但13亿多的中国人如果真的很落后,对世界是没有任何好处的,中国的发展实际上就是对世界的最大贡献。在世界性经济危机还处在关键阶段这样一个特殊时期,我们提出"包容性增长"的概念,就是希望世界各国能够包容中国的发展。从政治上讲,中国走自己的社会主义道路,不干涉资本主义国家的内政,不同国家制度的国家也应当能够包容中国走自己选择的道路;从经济上讲,中国不谋求自己的经济增长,讲究与各国之间互利互惠,从不以经济为筹码寻求政治上的利益交换;从军事上讲,自新中国成立以来,中国就已经向世界宣示不谋求霸权主义,不以大欺小,不以强欺弱,不对无核国家首先使用核武器,不主动谋求用武力手段解决双边争端。我国未来会长期坚持与世界各国相互包容的原则共同进步,我国也希望世界各国能有包容中国增长进步的需要。

第三,我国走和平发展道路,实现与各国的互利共赢和共同发展,需要包容性增长。在世界经济一体化的情况下,世界各国在经济上的联系更加紧密,从某种意义上说,世界已经形成了一个整体。在世界经济一体化的背景下,中国的发展离不开世界,世界的繁荣同样需要中国,互利共赢和共同发展是当今世界发展的主流。目前尚未触底的世界金融危机已经在很大程度上影响了中国经济的发展,而中国经济的快速增长又在很大程度上推动了世界经济的增长,中国成为世界经济增长的一个"火车头"。我国经济要在21世纪的头二十年保持持续稳定的增长,实现全面建成小康社会的奋斗目标,并为在21世纪中叶实现中华民族的伟大复兴打下坚实的基础,不仅需要我国人民在中国共产党的领导下,坚持走中国特色社会主义道路,而且还需要有一个稳定的国际经济秩序。我国要顺应经济全球化的发展趋势,在更大范围、更广领域和更高层次上参与国际经济技术合作,积极推动经济全球化向有利于各国共同繁荣的方向发展,需要践行包容性增长。要坚持实行互利共赢的对外开放战略,把既符合本国利益,又能促进共同发展,作为处理与其他国家关系的基本原则,坚持在平等、互利、互惠的基础上发展同世界各国的关系,促进与各国的共同发展。

第四,我国走和平发展道路,推动建设持久和平与共同繁荣的和谐世界,需要包容性增长。建设持久和平、共同繁荣的和谐世界,是世界各国人民的共同心愿,是中国走和平发展道路的崇高目标,要实现这一目标,需要包容性增长。因为:(1)只有实现经济的包容性增长,才能实现共同安全。目前,世界并不太平,自然灾害、恐怖主义、极端民族主义和极端宗教势力在很大程度上影响了人类的安全。强权政治对一些国家的干涉同样会引发地区性的安全问题。可以说，世界各国都在一定程度上面临着安全问题。面对全球安全威胁，世界各国应该携起手来，共同应对全球安全威胁，摒弃冷战思维，建立以互信、互利、平等、协作为核心的新安全观，通过公平、有效的集体安全机制，共同防止冲突和战争，通过合作尽可能消除或降低恐怖主义活动、金融风险、自然灾害等非传统安全问题的威胁，维护世界和平、安全与稳定。（2）只有包容性增长，才能实现共同发展。由于各种原因，世界各国的发展并不平衡，发达国家占据了经济增长的主导地位，和落后国家在经济上的差距越来越大，世界各国并没有实现共同发展。经济全球化应坚持以公正为基础，实现平衡有序发展，使各国特别是广大发展中国家普遍受益，而不是南北差距更加扩大。应推动经济全球化朝着有利于共同繁荣的方向发展，发达国家应为实现全球普遍、协调、均衡发展承担更多责任，发展中国家要充分利用自身优势推动发展。所有国家都应通过自己的发展来促进其他国家的发展，共同努力，推动和促进世界的共同发展。（3）只有包容性增长，才能坚持包容开放，实现文明对话。由于历史和现实的原因，世界各国选择了不同的发展道路，有自己的历史文化传统和自身文明的特点。世界各国应尊重彼此自主选择社会制度和发展道路的权利，相互借鉴，取长补短，使各国根据本国国情实现振兴和发展。应加强不同文明的对话和交流，努力消除相互的疑虑和隔阂，在求同存异中共同发展，使人类更加和睦，让世界更加丰富多彩。应维护文明的多样性和发展模式的多样化，协力构建各种文明兼容并蓄的和谐世界。

第三节 新形势下坚持走和平发展道路需要处理好的几个重要问题

进入新世纪以后，虽然和平和发展作为世界两大主题的局面没有发生根本的改变，但国际形势发生了一些新的变化，出现了一些新的情况，特别是2007年世界金融危机后，新兴大国和发达国家之间的力量对比发生新的消长变化，美国受到国际金融危机冲击，再加上受阿富汗、伊拉克和利比亚三场战争的拖累，软硬实力都明显受挫。欧盟、日本在危机中遭受重创，在世界经济上的地位明显降低。2010年，日本的GDP（国内生产总值）被中国超过，丧失了世界第二大经济体的地位。新兴大国虽然也受到一定冲击，但总体上仍能保持较快增长势头。

到 2010 年，中国已经取代日本成为全球第二大经济体。当前国际形势保持总体和平、缓和与稳定态势，但局部性的战争、动荡与紧张有所加剧。地区性的战争和暴力冲突此起彼伏，局部性的动荡与紧张有所加剧，当今世界很不太平，和平与发展面临的问题愈加紧迫。面对国际形势出现的新变化，我们需要采取新的举措去面对新出现的问题。在新的形势下，我们坚持走和平发展的道路，需要处理好以下几个重要问题：

第一，正确处理好国家之间的关系，结成强大的争取世界和平的统一战线。目前，尽管和平仍然是世界的两大主题之一，仍然是世界发展的一个主要的潮流，但是，世界上同样存在不安宁的因素，霸权主义、强权政治依然存在，战争的危险不仅存在，而且在一些国家和地区仍然是一种现实的威胁。十多年来，科索沃战争、伊拉克战争、利比亚战争和一些国家地区的局部冲突，已经给我们敲响了警钟。为了维护世界的和平，为我们坚持走和平发展道路营造良好的国际环境，我们要正确处理好国与国之间的关系，团结一切可以团结的力量，争取一切爱好和平力量的支持，结成强大的争取世界和平，反对战争的统一战线，尽可能地为我国的发展争取到一个较长时间的国际和平环境。我国作为一个发展中的大国，在争取国际和平环境方面，应该有所作为。要为中国特色社会主义事业的发展争取到一个和平稳定的国际环境，需要我们采取正确的方法，处理好国与国之间的关系，特别是处理好同周边国家的关系，争取一切可以争取的力量来维护世界和平。要争取发达国家中爱好和平的力量，更要争取发展中国家爱好和平的力量，要把争取和平力量的重点放在发展中国家之上，尤其是亚洲、非洲、拉丁美洲的发展中国家。因为，发展中国家，特别是在历史上遭受过帝国主义国家侵略的发展中国家，不仅在历史上和我国有相同的遭遇，而且在现实中对和平有更强烈的要求，更能够在争取和平的国际环境上达成一致和共识。我国一直尽最大努力援助其他发展中国家，帮助发展中国家不断增强自主发展的能力。截至目前，我国共向 110 多个国家和区域组织提供了援助，援助项目达 2 000 多个，已减免了 44 个发展中国家总计 198 笔价值约 166 亿元人民币对华债务。这些，都是为争取发展中国家爱好和平力量的努力，在维护世界和平方面起到了积极的作用。

第二，保持经济的持续稳定增长，提高国家经济的整体实力。一个国家要争取到持久的和平，最终要依靠自身力量的强大。其中，经济的整体实力是一个国家最基础的力量，一个国家没有强大的经济实力，就不可能是一个强大的国家，既不能有效地维护自身的安全，也不能争取到持久和平的国际环境。在近代，我国之所以遭到西方列强的侵略和掠夺，其中一个最重要的原因就是经济落后。经济的落后必然会导致国力的衰落，国力的衰落也必然会危及自身的和平与安全。落后就要挨打，这是总结近代中国历史得出的一个基本的结论。新中国成立以来，尤其是改革开放三十多年来，我国之所以能够有效地维护国家的安全，并为自身的发展争取到和平的国际环境，一个重要的原因就是新中国的成立解放了生产力，使我国的经济得到了快速的发展。新中国成立后，我们仅用了三年左右的时间，就完成了国民经济恢复的任务并开始了大规模的经济建设，仅用了十年左右的时间，就基本上建立了一个完整的工业体系和国民经济体系，为有效地维护国家安全、争取和平的国际环境奠定了坚实的基础。改革开放三十多年来，我国的经济更是保持了三十多年持续、稳定的增长，极大地提高了我国的整体经济实力。据统计，改革开放之初的1978年，我国的GDP仅为3 645.22亿元，按当时的汇率计算，为2 683亿美元，排在世界第15位。改革开放后，经济经过三十多年的快速发展，我国的整体经济实力得到了大幅度的提高。到2013年，我国的GDP增长到568 845亿元人民币，按当时汇率计算约合9.1万亿美元，是世界第二大经济体。正是国家整体经济实力的大幅度提升，才使我国有能力维护国家的安全并有能力为自身的进一步发展争取到和平的国际环境。在目前，要为中国特色社会主义事业争取到一个和平的国际环境，必须保持经济持续稳定的增长，提高国家经济的整体实力，为提高国家的综合国力打下坚实的经济基础。

第三，加快社会、文化等各方面的建设，增强国家的综合国力。在当代国际竞争中，一个国家的强弱，不仅决定于军事力量、经济力量或某一单方面的力量，而且取决于国家的综合国力。综合国力是衡量一个国家基本国情和基本资源最重要的指标，也是衡量一个国家的经济、政治、军事、技术实力的综合性指标，是指一个主权国家赖以生存与发展所拥有的全部实力及国际影响力的合力。综合国力的内涵非常丰富，它的构成要素中既包含自然的，也包含社会的；既包含物质的，也包含精神的；既包含实力，也包含潜力以及由潜力转化为实力的机制，是一个国家的政治、经济、科技、文化、教育、国防、外交、资源、民族意志、凝聚力等要素有机关联、相互作用的综合体。从我国当前的实际来看，我们要在国际竞争中占据主导地位，为中国特色社会主义事业的发展赢得一个持久和平的国际环境，就要在保持经济持续快速、稳定增长的基础上，加快社会、文化、生态等各方面的建设，增强国家的综合国力。目前，要增强综合国力，还应主要做好三个方面的工作：（1）深入进行社会主义核心价值体系建设和社会主义核心价值观教育,切实提高中华民族的思想道德素质。国民素质是一个国家综合国力的重要内容,思想道德素质是国民素质的重要组成部分。切实开展社会主义核心价值体系建设和社会主义核心价值观教育,尤其是对公民进行爱国主义教育,不仅可以提高国民的思想道德素质,而且可以增强民族的凝聚力,促进综合国力的提高。(2) 改善民生,构建社会主义和谐社会。民生的改善,人民群众生活质量的改善和生活水平的提高,必然会增强各民族人民的凝聚力和向心力,提高对祖国和中华民族的认同感,这对提高综合国力同样具有重要的作用。社会主义和谐社会的建设,可以减少一些社会矛盾和社会纠纷,增强全国各民族、各阶层人民的团结,同样可以起到凝聚人心,提高国家和民族认同感,从而提高综合国力的作用。(3) 加强文化建设。文化是国家核心竞争力的重要因素,文化软实力所发挥的巨大作用是不可替代的。当今世界,各国之间综合国力竞争日趋激烈,文化越来越成为民族凝聚力和创造力的重要源泉,越来越成为综合国力竞争的重要因素。对我国来说,文化是综合国力竞争中维护国家利益和安全的重要精神武器。发展文化有利于激发全民族文化创造活力,提高国家文化软实力。(4) 加强生态文明建设。生态环境既是经济社会可持续发展的基础,也是提高人民群众生活质量的基本条件。从某个角度看,生态环境也是一个国家综合国力的重要内容。加强生态文明建设,为经济社会的发展,为人民群众生活水平的提高提供一个良好的环境支撑,同样可以起到提高国家综合国力的作用。

第四,在经济增长的同时增强国防力量,用强大的国防实力保证和平发展的实现。在复杂动荡的国际形势下,我们坚持走和平发展道路,需要有强大的国防实力作保证,没有强大的国防实力,国家的领土主权完整就得不到保证,人民群众的幸福生活就得不到保证,国家的经济利益就得不到保证。没有强大的国防实力,国家在国际社会中就没有发言权,人民在国际上就没有地位,国家安全就会出现问题,和平发展就不可能实现。从1840年开始的100多年中,我国一直遭到帝国主义国家的侵略、掠夺,一个独立的国家变成了一个半殖民地半封建的国家,国家领土被割占,主权被侵犯,人民惨遭屠杀。导致这一切的一个重要原因就是旧中国国防力量的衰落。血淋淋的事实告诉我们一个真理——落后就要挨打。新中国成立后,我们之所以能够赢得和平,不是一些国家的良心发现,而是我们有了力量保卫国家的安全和领土主权完整。正反两方面的经验告诉我们,把和平的希望寄托在别人的身上是行不通的,是没有出路的。我们在经济增长的同时,要重视加强国防力量建设,加强军队的现代化建设,把人民解放军建设成为维护祖国安全、保卫祖国领土主权完整、维护世界和平的强大军队。只有这样，我们才能争取到一个较长时期的国际和平环境来发展自己，才能真正实现和平发展。

第五，创新处理国家争端的方式，用和平协商的方式解决国家争端。我国在坚持走和平发展道路的过程中，也会同一些国家发生争端，其原因主要有：(1) 我国同周边的一些邻国，如印度、日本和东南亚的一些国家存在着领土和领海的分歧和争端，这一种争端必然引起国家间的争端；(2) 我国是社会主义国家，同一些资本主义国家在意识形态上存在分歧，这些分歧如果处理不好，也会诱发国家间的争端；(3) 在世界经济的发展过程中，每个国家都有自己的国家利益，都希望在发展中获得较多的利益，这样，就不可避免地会在贸易、国家权利和义务等方面产生摩擦，从而引发国家间的争端。国家间存在争端很正常，关键是用什么样的方式去处理，处理得好，对和平发展的影响就会小一些，处理不好，就会引起国家间的冲突甚至战争，影响和平发展的实现。在处理与外国争端的问题上，我国历来主张以谈判和协商的方式解决区域争端或国家之间的争端，并取得了明显的效果，稳定和巩固了周边的安全形势。在新形势下，我们要创新处理国家争端的方式，坚持用和平协商的方式解决国家争端。只有这样，才能保证和平发展的实现。

第四节 新一代中央领导集体对和平发展思想的发展

2013年1月28日，十八届中共中央政治局就坚定不移走和平发展道路进行第三次集体学习。中共中央总书记习近平在主持学习时强调，高举和平的旗帜，走和平发展道路。指出，我们要加强战略思维，增强战略定力，更好统筹国内国际两个大局。要坚持开放的发展、合作的发展、共赢的发展，通过争取和平国际环境发展自己，又以自身发展维护和促进世界和平，不断提高我国综合国力，不断让广大人民群众享受到和平发展带来的利益，不断夯实走和平发展道路的物质基础和社会基础。

习近平的讲话，主要阐述了以下三个方面的基本思想：

第一，充分表明了中国坚持走和平发展道路的一贯宗旨、深切愿望与坚定决心，同时，也是对炒作"中国威胁论"，对中国崛起说三道四、恶意诋毁和意欲扼制中国和平崛起的一些别有用心国家的正面回击。

习近平强调，中华民族是爱好和平的民族。消除战争，实现和平，是近代以来中国人民最迫切、最深切的愿望。走和平发展道路，是中华民族优秀文化传统的传承和发展，也是中国人民从近代所遭受的苦难中得出的必然结论。中国人民对战争带来的苦难有着刻骨铭心的记忆，对和平有着孜孜不倦的追求，十分珍惜和平安定的生活。中国人民怕的就是动荡，求的就是稳定，盼的就是天下太平。他指出，我们的和平发展道路来之不易，是新中国成立以来特别是改革开放以来，我们党经过艰辛探索和不断实践逐步形成的。我们党始终高举和平的旗帜，从来没有动摇过。在长期实践中，我们提出和坚持了和平共处五项原则，确立和奉行独立自主的和平外交政策，向世界做出了永远不称霸、永远不搞扩张的庄严承诺，强调中国始终是维护世界和平的坚定力量。这些我们必须始终不渝坚持下去，永远不能动摇。习近平强调，党的十八大明确提出了"两个一百年"的奋斗目标，我们还明确提出了实现中华民族伟大复兴的"中国梦"的奋斗目标。实现我们的奋斗目标，必须有和平的国际环境。没有和平，中国和世界都不可能顺利发展；没有发展，中国和世界也不可能有持久和平。我们一定要抓住机遇，集中精力把自己的事情办好，使国家更加富强，使人民更加富裕，依靠不断发展起来的力量更好地走和平发展道路。

第二，向国际社会表明了中国决不会拿自己的核心利益做交易的严正态度和坚定立场。并对世界和平的历史规律做出深刻结论，对中国提出的和谐世界思想主张做了进一步的强调与明确解说。

习近平指出，世界潮流，浩浩荡荡，顺之则昌，逆之则亡。纵观世界历史，依靠武力对外侵略扩张最终都是要失败的，这是历史规律。世界繁荣稳定是中国的机遇，中国发展也是世界的机遇。和平发展道路能不能走得通，很大程度上要看我们能不能把世界的机遇转变为中国的机遇，把中国的机遇转变为世界的机遇，在中国与世界各国良性互动、互利共赢中开拓前进。我们要坚持从我国实际出发，坚定不移走自己的路，同时我们要树立世界眼光，更好地把国内发展与对外开放统一起来，把中国发展与世界发展联系起来，把中国人民的利益同各国人民的共同利益结合起来，不断扩大同各国的互利合作，以更加积极的姿态参与国际事务，共同应对全球性挑战，努力为全球发展做出贡献。习近平强调，我们要坚持走和平发展道路，但决不能放弃我们的正当权益，决不能牺牲国家核心利益。任何外国不要指望我们会拿自己的核心利益做交易，不要指望我们会吞下损害我国主权、安全、发展利益的苦果。中国走和平发展道路,其他国家也都要走和平发展道路,只有各国都走和平发展道路,各国才能共同发展,国与国才能和平相处。我们要广泛深入宣传我国坚持走和平发展道路的战略思想,引导国际社会正确认识和对待我国的发展,中国发展决不会以牺牲别国利益为代价,我们决不做损人利己、以邻为壑的事情,我国将坚定不移做和平发展的实践者、共同发展的推动者、多边贸易体制的维护者、全球经济治理的参与者。

第三,不拿中国自己的核心利益做交易,实际上还向全党全国各级党员干部特别是领导干部提出了关于发展问题的一个严肃忠告,更标志着党中央向单纯经济主义明刀亮剑。

习近平在中央政治局集体学习中所讲的"任何外国不要指望我们会拿自己的核心利益做交易,不要指望我们会吞下损害我国主权、安全、发展利益的苦果"的雷鸣之言,不仅是向那些奉行霸权主义、图谋中国的所有侵略者、阴谋者义正词严的公开相告;同时,也是对来自中国内部的一些为了眼前的、局部的甚至是个人利益而即将或者已经严重丧失了国格、尊严的机会主义者的严厉警告。

我们应当看到并承认,改革开放三十多年中,我们存在单纯经济主义思想,在这种单纯经济主义思想影响下,我们曾在追求发展上一定程度地偏离了社会主义要求自我完善的科学轨道。因而,导致了在一些事关国家核心利益的重大问题上搞所谓的"韬光养晦",原则不清,立场不明,为了短期的、局部的经济利益,一味"搁置争议",妥协避让,在"共同开发"的旗号下使国家核心利益遭受到一定威胁和损害。同时,这种情况更成了一些人不惜拿国家核心利益作代价向西方发达资本主义国家屈膝交易的借口。当年那种"造船不如买船,买船不如租船"的机会主义思维,再次充斥了一些决策者的头脑。

正是由于受单纯经济思想的影响,一些党员干部特别是一些领导干部大搞虚假GDP、伪政绩,甚至丧失了共产党人本色,背叛人民,走向自私自利和腐败的深渊。在这些人看来,在市场经济的中国,只要能够把经济搞上去就是最大政绩,什么党的立场、国家利益等统统都可以轻视或不顾,甚至有些人认为只有拥有了私有财产才不枉为官一场、掌权一任。

正是面对世情、国情、党情发生的这些重大变化,新一届党中央做出了一系列新动作。其中,习近平在中央政治局关于坚持走和平发展道路的集体学习中关于"不拿中国自己核心利益做交易"的讲话,有着特别重要的现实意义。他强调指出,"我们要坚持走和平发展道路,但决不能放弃我们的正当权益,决不能牺牲国家核心利益"。这无疑是给了那些还指望拿自己国家核心利益换取别国"搁置"中国主权等核心问题，与中国"和解"者当头一棒。

  正如俗话所说："篱笆扎得牢，野狗钻不进。"对一个国家来说，要想在国际交往特别是"与狼共舞"中保护好自己的核心利益不被损害，不被狼吃掉，最起码的一条就是要有"决不能放弃我们的正当权益，决不能牺牲国家核心利益"的基本国家利益观。从这个角度上说，习近平的"不拿中国自己的核心利益做交易"，实是警世之言，是每一个共产党人特别是领导干部必须打牢的思想基础。

第三章 中国的包容性发展是民主发展

民主，不仅是一种国家制度，也是经济和社会发展的一种方式。中国经济的增长不仅要通过和平的方式来实现，而且要通过民主的方式来实现，实现民主发展。民主发展既是符合世界发展潮流的发展方式，也是当前我国推进经济社会发展，在21世纪中叶实现中华民族伟大复兴的必然选择。实现经济的包容性增长，要求我国坚持走民主发展道路，实现民主发展。

第一节 民主发展是时代对我国发展的必然要求

一、我国民主发展道路的特点

党的十七大确定了中国特色社会主义民主发展道路的战略部署，强调我国的民主发展，要坚持中国共产党的领导、人民当家做主和依法治国有机统一。我国的民主发展道路，是中国人民在长期奋斗的过程中经过艰辛探索而逐步形成的，是符合我国实际的发展道路，这一条发展道路为发展人民民主、保障人民当家做主奠定了坚实基础，确立了正确方向。

我国的民主发展道路，是一条既坚持中国共产党的领导，又充分发扬人民民主的发展道路，是一条既坚持民主，也坚持集中，把民主和集中有机统一起来的发展道路，是一条既对人民实行民主，又对敌人实行专政，把民主和专政有机统一起来的发展道路，是一条既要实现人民群众当家做主，又要实现人民群众富裕幸福的发展道路。我国的民主发展道路，具有四个特点。

第一，我国的民主发展道路，必须坚持中国共产党的领导。中国共产党作为中国工人阶级的先锋队和中华民族的先锋队，是中国特色社会主义事业的领导核心，在建设中国特色社会主义的过程中，必须始终坚持中国共产党的领导。我国的民主发展道路，是中国特色社会主义制度的重要组成部分，必须坚持中国共产党的领导，因为：（1）人民既是我国的主人，也是我国历史发展和民主政治的主体。《中华人民共和国宪法》明确指出：中华人民共和国是以工人阶级为领导的，以工农联盟为基础的人民民主专政的社会主义国家。人民既然是我国的主人，当然也就是我国民主发展道路的主体。而中国共产党的领导，正是我国民主发展道路的主体——人民的选择。（2）中国共产党在领导中国人民争取国家独立和民族解放的过程中，创造了符合中国国情的，具有中国特色的民主实现形式，即人民代表大会制度和中国共产党领导的多党合作和政治协商制度，并使这两种制度在中国特色社会主义的实践中得到了丰富和完善，使人民群众的民主权利得到了切实的保证。（3）在经济建设上，中国共产党领导中国人民取得了伟大的成就，基本上实现了国家的富强和人民的富裕，为我国的民主发展道路奠定了坚实的物质基础，提供了充分的物质保证。

第二，我国的民主发展道路，是把民主和集中有机统一起来的发展道路。在中国特色社会主义建设的过程中，我们必须充分发扬和实现人民民主。因为，只有充分发扬和实现人民民主，才能体现人民群众的主人翁地位，也只有充分发扬民主，才能充分调动人民群众的主动性、积极性和创造性，促进和推动中国特色社会主义事业的发展。正如胡锦涛同志在庆祝中国共产党成立九十周年大会上所指出的："人民民主是中国共产党始终高扬的光辉旗帜。改革开放以来，我们党总结发展社会主义民主的正反两方面经验，明确提出没有民主就没有社会主义，就没有社会主义现代化，人民当家做主是社会主义民主政治的本质和核心。"在充分发扬人民民主的同时，我们还需要实行必要的集中，只有在民主的基础上实行必要的集中，才能形成统一的意志和行动，真正把人民群众的意志和力量凝聚起来，投入到中国特色社会主义的事业中，从而确保中国特色社会主义事业的成功，确保中华民族伟大复兴的实现。没有集中，就没有统一的意志和统一的行动，就必然会影响到中国特色社会主义建设。所以，我国的民主发展道路，既要讲民主，又要讲集中，是把民主和集中有机统一起来的发展道路。民主和集中的统一，就是民主集中制，其本质就是将民主基础上的集中与集中指导下的民主相结合。

第三，我国的民主发展道路，是把民主和专政有机统一起来的发展道路。我国从国体上看，是人民民主专政的国家，人民民主专政是对人民实行民主和对敌人实行专政的统一,即对人民实行民主,对敌人实行专政。人民民主专政是符合我国实际,具有中国特色的国家制度,这一制度要求我们走民主发展道路,必须把民主和专政有机统一起来。把民主和专政有机统一起来,就要求不断发展社会主义民主,切实保护人民的利益,维护国家的主权、安全、统一和稳定。把民主和专政有机统一起来,就要求坚持国家的一切权力属于人民,保证人民按照宪法和法律的规定,通过各种形式和途径,管理国家事务,管理经济文化事业,管理社会事务,保证人民群众当家做主权利的实现。把民主和专政有机统一起来,还必须充分履行国家政权专政的职能。任何国家要保证政权巩固和社会稳定发展,都要履行专政的职能。从当今国际形势看,世界范围内的社会主义力量在一个相当长的时期内会弱于资本主义,国际敌对势力对我国进行渗透、分化和颠覆的图谋没有改变;从国内形势看,阶级斗争在一定范围内还将长期存在,有时还会很尖锐,在社会生活中,还存在而且也不可能杜绝各种违法犯罪活动。因此,要在充分发扬人民民主的基础上,加强国家政权专政的职能。

第四,我国的民主发展道路,是实现人民群众当家做主和实现人民群众富裕幸福有机统一的发展道路。我国的民主发展道路,面临着双重任务:一是要充分发扬民主,保证人民群众当家做主权利的实现;二是要大力发展生产力,在社会物质财富极大丰富的基础上,提高人民群众的生活水平,实现共同富裕的目标,实现人民群众的富裕幸福。人民群众作为国家和社会的主人,其民主权利需要得到充分的尊重和实现,只要人民群众的民主权利得到充分的尊重和实现,人民群众的国家主人翁地位才能得到真正的实现,人民群众才能更有尊严地生活。但是,如果没有经济的发展和生产力水平的提高,人民群众的生活质量得不到改善,生活水平得不到提高,人民群众生活在贫困之中,人民群众民主权利的履行就会缺乏物质保证,人民群众当家做主的主人翁地位就必然会被动摇,社会主义的本质也就无从实现。因此,在建设中国特色社会主义的过程中,要把充分发扬人民民主、实现人民群众当家做主和大力发展生产力、实现人民群众富裕幸福有机统一。这样,才能使人民群众的生活真正幸福,才能使人民活得有尊严,才能真正体现人民群众当家做主的主人翁地位,才能真正实现社会主义的本质。

二、我国的民主发展道路是符合世界发展潮流的发展道路

民主作为一种国家制度,起源于奴隶社会,古希腊的雅典是人类民主政治的发源地。到了封建社会,封建集权专制作为封建制度的一个基本特征,阻碍了民

主制度的发展。到了封建社会末期，资产阶级在反封建的过程中，将民主作为反对封建专制主义的一面旗帜、一种武器。资本主义制度建立后，资产阶级建立了资本主义的民主制度，民主制度在资本主义数百年的发展过程中得到了逐步完善，人民群众的民主权利在一定程度上得到了保证，使人类社会由专制时代发展到了民主时代。社会主义制度建立后，资本主义民主发展为社会主义民主，成为一种比较先进的民主制度。目前，民主已经成为世界上绝大多数国家和人民的选择，我国坚持走民主发展道路，是符合世界发展潮流的，因为：（1）从人类历史发展的趋势看，人类社会发展的基本趋势就是民主制度逐渐取代专制制度。在欧洲资产阶级革命以前，世界上的国家要么是封建国家，要么是奴隶制国家，这一时期，作为民主对立面的专制统治占据了统治地位。1640年的英国资产阶级革命，开启了资产阶级反对封建专制统治的先河，1689年英国建立了君主立宪制的资本主义民主制度，从这一时期开始，封建专制制度就逐渐被资本主义民主制度所取代。1917年，列宁领导俄国十月革命取得了胜利，建立了世界上第一个社会主义国家——苏联，开启了社会主义民主取代资本主义民主的时代。目前，世界上绝大多数国家都是实行不同形式民主制度的国家，我国走民主发展道路，也就顺应了世界发展的基本潮流和趋势。（2）从历史上看，人类民主发展的基本过程就是民主制度逐渐完善的过程。古希腊雅典的民主制度虽然开启了民主制度的先河，但雅典的民主制度，从本质上讲是奴隶主的民主，从形式上看也很不完善。资本主义在取代封建专制制度过程中所建立的民主制度，比古希腊雅典的民主制度更为先进和完善，但资本主义民主从本质上讲，也是资产阶级的民主，是少数人的民主，其内容和形式还有很多需要完善的地方。社会主义民主制度的建立，是人类民主制度的一大进步。从本质上讲，社会主义民主是大多数人的民主，人民群众在社会生活的各个方面能够确实享受到宪法赋予的民主权利。我国走民主发展道路，还要进一步完善社会主义民主，使我国的社会主义民主制度更加先进和完善，这就顺应了世界发展的基本潮流和趋势。

三、我国的民主发展道路也是符合我国国情的发展道路

1949年，中国共产党领导中国人民建立了新中国，建立了社会主义民主制度。新中国成立六十多年来，我国的社会主义民主制度得到了逐步的完善，其优越性逐渐显现出来。我国走民主发展道路，不仅顺应了世界发展的基本潮流和趋势，也符合我国的国情，因为：（1）从历史上看，封建制度在我国有2 000多年的历史，集权和专制的思想在目前还影响着相当一部分人，而集权和专制的存在，不仅影响了我国民主政治建设的进程，也影响了我国的经济建设和社会建设，影响到了中国特色社会主义的总体布局。我国走民主发展道路，逐步完善社会主义民主，就能够逐步克服人们的集权和专制思想，促进中国特色社会主义事业的健康发展。（2）我国的民主政治建设相对滞后，需要通过走民主发展道路推进民主政治的建设。1978年的十一届三中全会开启了我国改革开放的历史进程。我国的改革开放，首先是从经济体制的改革开始的，改革开放三十多年，我国在经济改革方面取得了举世瞩目的成就，经济总量在2010年已跃居世界第二位，人民群众的生活水平得到了大幅度的提高，在总体上实现了小康。相对于经济体制改革而言，我国政治体制改革、民主政治建设相对滞后。作为我国人民民主主要形式的人民代表大会制度还需要进一步的完善，宪法赋予人民群众的民主权利还需要进一步落实，人民群众表达自己诉求的渠道还需要进一步畅通。这些，都需要通过走民主发展道路来实现。（3）我国的改革开放和中国特色社会主义建设，目前已经进入了一个十分关键的时期，我们要在21世纪的头二十年实现全面建成小康社会的奋斗目标，并在21世纪中叶实现中华民族伟大复兴的历史使命，需要进一步发挥人民群众的主动性、积极性和创造性。我国走民主发展道路，才能逐步完善我国的民主制度，使人民群众的民主权利得到充分的实现，才能够调动人民群众的主动性、积极性和创造性，推进中国特色社会主义事业的发展，保证全面建成小康社会奋斗目标的实现，保证中华民族伟大复兴历史使命的完成。

第二节 民主发展需要实现包容性增长

一、民主发展和经济包容性增长具有一致性

我国在民主政治建设上，提出要进一步完善社会主义民主制度，切实保证人民群众民主权利的实现；在经济增长上，提出了要实现经济的包容性增长，让经济增长的成果公平地惠及全体社会成员。民主发展道路和经济的包容性增长在内容和方式上具有一致性，表现在：（1）民主发展和经济包容性增长在主体上是一致的。从我国民主政治的发展看，我国民主政治的主体是人民群众，发展社主义民主政治，就是要保证人民群众能够充分行使宪法赋予的民主权利，能够充分行使管理国家经济事务、社会事务的权利，能够真正成为国家和社会的主人。经济的包容性增长，主要强调的是经济增长的成果要能够包容社会的绝大多数成员，要能够惠及绝大多数人民群众，要能够让作为社会主体的人民群众在经济增长的基础上生活质量得到改善，生活水平得到提高，并在此基础上实现人的全面发展。我国民主政治的发展，是从人民群众民主权利的行使和保障方面来强调人民群众的主体地位，经济的包容性增长，是从经济增长的享受方面来强调人民群众的主体地位。可见，民主发展和经济包容性增长在主体上是一致的。(2) 民主发展和经济包容性增长在目标上是一致的。民主发展从近期目标上看，是通过逐步完善我国的民主制度，既切实保证宪法赋予人民群众的民主权利得到实现，保证人民群众有效地行使管理国家和社会事务的权利，体现人民群众主人翁的地位，又为我国的经济增长提供动力和制度的保证。从长远来看，民主政治的发展，最终要达到促进社会全面进步和人的全面发展的目标。经济的包容性增长，从近期目标上看，是要通过经济增长途径、方式的调整，通过对经济增长成果分配的调整，既解决经济增长和社会发展过程中的一系列问题，又使作为国家和社会主人的人民群众能够公平地享受经济增长的成果，提高人民群众的生活水平。从长远来看，经济的包容性增长，既要推动经济社会的健康发展，又要切实提高人民群众的生活水平，最终达到促进社会全面进步和人的全面发展的目标。可见，民主发展和经济包容性增长在总体目标上是一致的。(3) 民主发展和经济包容性增长在实现的基本途径上是一致的。民主属于上层建筑的范围，民主发展的基本途径要通过对法律和民主制度的逐步完善来实现。但是，任何社会的上层建筑都是建立在经济基础之上的，离开了经济的增长和经济基础的完善，民主发展就会成为空中楼阁。如果人民群众连基本的生活都得不到满足，享受民主权利所需要的基本的物质条件都得不保证，宪法赋予人民群众多少民主权利都是空的。所以，民主发展最终要通过经济的增长和社会的发展来实现。经济的包容性增长，从实现的途径上看，是要通过对经济增长途径、方式的调整，通过对经济增长成果分配的调整，既解决经济社会发展过程中的一些突出问题，又使经济增长的成果惠及社会全体成员，让社会全体成员能够公平地共享经济增长的成果。包容性增长首先是一种增长，没有增长，也就没有包容。所以，经济的包容性增长仍然要通过经济的增长和社会的发展来实现。可见，民主发展和经济包容性增长在基本途径上是一致的。(4) 民主发展和经济包容性增长是相互协调和相互促进的。民主发展属于上层建筑的范围，经济的包容性增长属于经济基础的范围。但是，民主发展和经济包容性增长不是对立的，而是相互协调和相互促进的。经济的包容性增长既能够为民主发展提供物质基础，又能够为民主发展提供公平的制度和社会环境。民主发展既能够充分调动人民群众的主动性、积极性和创造性，为经济的包容性增长提供动力支持，又能够为经济包容性增长的实现创造良好的社会环境。既然民主发展和经济包容性增长是相互协调和相互促进的，我们在推进改革开放和中国特色社会主义事业的过程中，就要把民主发展和经济包容性增长统一起来，共同服务于全面小康社会的实现，共同服务于中华民族伟大复兴"中国梦"的实现。

二、民主发展要求实现包容性增长

民主发展道路是中国特色社会主义道路的重要组成部分，是中国共产党和中国人民的正确选择，我国坚持走民主发展道路，就要求实现包容性增长。

第一，我国走民主发展道路，要求经济的增长要能够包容民主政治的发展。中国特色社会主义建设是一个统一的整体，包括了经济建设、政治建设、文化建设、社会建设、生态文明建设五个方面。改革开放三十多年来，我国的经济建设取得了巨大的成就，生产力得到快速发展，社会的物质财富得到极大的丰富，国家综合实力显著增强，人民群众的生活水平得到大幅度的提高。但是，我国的经济增长并没有很好地包容民主政治的发展，在经济得到快速发展的同时，我国的民主政治建设相对滞后，表现在：作为我国人民民主主要实现形式的人民代表大会制度还需要进一步完善；中国共产党领导的多党合作和政治协商制度还需要进一步充实；人民群众表达民主意愿的渠道还需要进一步畅通；人民群众民主权利实现的形式还需要创新；宪法赋予人民群众的民主权利还需要得到进一步的保障；基层群众自治制度还需要进一步充实和完善。这些问题的存在，不仅影响到了人民群众当家做主的民主权利的充分实现，影响到了我国民主政治建设的进程，而且还影响到了人民群众主动性、积极性、创造性的发挥，影响到了经济的增长和人民群众生活水平的提高。我国走民主发展道路，实现经济建设、政治建设、文化建设、社会建设的协调推进，促进中国特色社会主义事业的发展，就要求实现经济的包容性增长，在经济增长的同时，包容民主政治的发展。

第二，我国走民主发展道路，要求民主政治的发展要能够促进经济的增长。我们进行改革开放，建设中国特色的社会主义，其根本目的，从国家的层面上看，是要增强国家的综合实力，实现中华民族伟大复兴的"中国梦"；从个人的层面上看，是要提高人民群众的生活水平，实现人的全面发展。而国家综合实力的增强、人民群众生活水平的提高，都离不开经济的增长。我国民主政治的发展，同样应该包容经济的增长，在民主政治发展的同时，促进经济的增长。民主政治发展和经济增长的相互包容，就要求统筹好经济体制改革和政治体制改革的关系，采取切实有效的措施，推进我国民主政治建设的进程。民主政治的发展，人民民主的实现，对经济增长的促进作用表现在：一是通过民主政治的发展、政治制度的完善，为经济建设提供良好的政治制度的保证；二是人民民主的实现，可以调动人民群众的主动性、积极性、创造性，从而为经济的增长提供动力支持；三是民主政治的发展，必然会使我国的法律制度得到进一步完善，从而为经济的增长提供法律制度的保证；四是民主政治的发展、人民民主的实现，才能保证人民群众能够公平地分享经济增长的成果，保证共同富裕的实现。所以，民主政治的发展和经济的增长不是对立的，而是相互促进的，民主政治的发展要能够促进经济的增长。

第三，我国走民主发展道路，要求经济增长要能够包容人民群众民主素质的提高。我国走民主发展道路，不仅要求完善我国的民主政治，保证人民群众当家做主的民主权利的实现，而且还要求提高人民群众的民主素质，促进和实现人民群众的全面发展。经济增长要包容人民群众民主素质的提高，就需要在经济增长的同时，做好以下几个方面的工作：一是大力发展教育事业，提高人民群众的文化素质。民主素质和文化素质是紧紧连在一起的，文化素质是民主素质的基础。一个人如果没有一定的文化素质作为支撑，是很难提高民主素质的。而人民群众文化素质的提高，主要是通过发展教育来实现的，教育事业的发展又需要一定的经济基础作保证。在经济增长的基础上，大力发展教育事业，提高人民群众的文化素质，才能够为提高人民群众的民主素质打好基础，使经济的增长包容人民群众民主素质的提高。二是在经济增长使人民群众的生活水平得到提高、人民群众的基本物质需求得到基本满足的基础上，要通过多种途径和方法，提高人民群众的民主意识。三是在经济增长的基础上，加强民主政治建设方面的投入，特别是要规范和畅通人民群众表达民主诉求的渠道，使人民群众的民主诉求能够得到充分的、规范的表达，帮助人民群众养成民主的习惯。

第四，我国走民主发展道路，实行民主集中制，要求经济实现包容性增长。在我国，民主和集中是辩证统一的，既要讲民主，又要讲集中。如果只讲民主，不讲集中，就难以形成统一的意志和行动，并最终影响到经济的增长和社会的发展；如果只讲集中，不讲民主，就不能充分发挥人民群众的聪明才智，就会导致集权和专制，这同样会影响到经济的增长和社会的发展。民主和集中的辩证统一，就是民主集中制。实行民主集中制，就要求经济实现包容性增长，因为：（1）只有实现经济的包容性增长，让绝大多数社会成员公平地共享经济增长的成果，使绝大多数社会成员基本的物质需求得到满足，才能为人民群众行使民主权利提供物质方面的保证；（2）只有实现经济的包容性增长，让经济的增长包容教育的发展，才能真正提高人民群众的文化素质和民主素质，为实行民主集中制奠定基础；（3）只有实现经济的包容性增长，让经济的增长包容民主制度的完善和发展，才能在经济增长的同时，使我国的人民代表大会制度、中国共产党领导的多党合作和政治协商制度、民族区域自治制度、基层群众自治制度等社会主义基本的民主制度得到完善，为民主集中制的实行提供基本政治制度的保证。

第五，我国走民主发展道路，坚持人民民主专政，要求经济实现包容性增长。在我国，民主和专政是辩证统一的，既要对人民实行民主，又要对敌人实行专政，民主和专政的辩证统一，就是人民民主专政。人民民主专政是我国的国体，充分反映了我国从国家性质上看是人民的国家。人民民主专政是我们必须坚持的基本的原则，坚持人民民主专政，就要求经济实现包容性增长，因为：（1）只有实现经济的包容性增长，才能使经济增长的成果公平地惠及绝大多数社会成员，使人民群众的生活水平得到切实的提高，并在此基础上实现全面发展，从而夯实人民民主专政的阶级基础；（2）只有实现经济的包容性增长，才能让经济的增长包容国防的强大，在经济增长的基础上，把人民解放军建设成为一支现代化的强大的人民军队，为坚持人民民主专政提供力量的保证；（3）只有实现经济的包容性增长，让经济的增长包容和谐社会的建设，在经济增长的基础上解决或者缓解一些社会矛盾，促进社会主义和谐社会建设，从而夯实人民民主专政的社会基础。

第三节　新形势下坚持走民主发展道路需要处理好的几个重要问题

一、积极推进社会主义民主政治建设，用制度保证人民群众民主权利的实现

要保证宪法赋予人民群众的民主权利得到充分的实现，需要积极推进社会主义民主政治建设，坚定不移走中国特色社会主义政治发展道路。人民民主是中国共产党始终高举的光辉旗帜。改革开放以来，我们党总结发展社会主义民主的正反两方面经验，明确提出没有民主就没有社会主义，就没有社会主义现代化，人民当家做主是社会主义民主政治的本质和核心；我们坚持推进政治体制改革，在发展社会主义民主政治方面取得了重大进展，人民代表大会制度、中国共产党领导的多党合作和政治协商制度、民族区域自治制度以及基层群众自治制度日益完善，中国特色社会主义法律体系如期形成，依法治国基本方略有效实施，社会主义法治国家建设取得重要进展，公民有序的政治参与不断扩大，人权事业全面发展。事实充分证明，我国社会主义民主政治具有强大生命力，中国特色社会主义政治发展道路是保证人民当家做主的正确道路。但我们同时也要看到，我国社会主义民主法制建设与扩大人民民主和促进经济社会发展的要求还不完全适应，社会主义民主政治的具体制度方面还存在不完善的地方，在保障人民民主权利、发挥人民创造精神方面还存在不足。随着中国特色社会主义事业持续推进，我国社会主义民主政治建设需要也必然会继续向前推进。发展社会主义民主政治，必须坚持中国特色社会主义政治发展道路，关键是要坚持党的领导、人民当家做主、依法治国有机统一。我们要积极稳妥地推进政治体制改革，以保证人民当家做主为根本，以增强党和国家活力、调动人民积极性为目标，扩大社会主义民主，建设社会主义法治国家，发展社会主义政治文明。要坚持发挥党总揽全局、协调各方的领导核心作用，提高党科学执政、民主执政、依法执政的水平，保证党领导人民有效治理国家。要坚持国家一切权力属于人民，健全民主制度，丰富民主形式，拓宽民主渠道，保证人民依法实行民主选举、民主决策、民主管理、民主监督。要全面落实依法治国基本方略，在全社会大力弘扬社会主义法治精神，不断推进科学立法、严格执法、公正司法、全民守法的进程，实现国家各项工作法治化。

要保证宪法赋予人民群众的民主权利得到充分的实现，必须完善相关的制度，只有具备了完善的制度，宪法赋予人民群众的民主权利才能得到保证，人民群众的民主权利才能得到充分的实现。在当前，我国民主政治建设滞后于经济建设，保证宪法赋予人民群众的民主权利实现的相关制度还不完善，所以，在实现国民经济又好又快发展的同时，要积极推进社会主义民主政治建设，逐步完善相关的法律制度，用制度保证人民群众民主权利的实现。

二、逐步完善人民代表大会制度

人民代表大会制度是我国的根本政治制度，是我国的政权组织形式，是人民群众管理国家事务、社会事务最基本和最主要的形式，也是人民群众行使民主权利的最基本、最主要的形式，是实现有中国特色的社会主义民主的基本形式。人民代表大会制度在新中国成立后的60多年中得到了长足的发展，但仍存在需要加强和完善的地方，这些地方影响了人民群众民主权利的实现，因此，需要进一步完善，以更好地实现社会主义民主。从目前我国人民代表大会的实际看，可以考虑从以下几个方面完善人民代表大会制度：（1）既要注意民主的内容，坚持根本原则，又要注意民主的形式，完善具体制度。我国的人民代表大会制度，存在重视民主的内容和实质而忽视民主的形式和程序的问题。例如，强调国体，不重视政体；强调实体民主，不重视程序民主；强调各个国家机关具有目标一致、相互支持、相互合作关系，不注意还有分工和制约关系。民主程序是民主的具体化、动态化，是民主实质得以实现的保证。不重视具体制度和程序建设，显然会影响人民代表大会制度优越性的体现和发挥。改革开放以来，忽视民主程序建设的状况有了较大改变，我国人民代表大会制度建设得到重视，民主制度化、程序化建设取得显著成绩。但是应当看到，我们在具体制度和程序方面还存在很多不足，在很大程度上限制人民代表大会制度优势的发挥。因此，坚持和完善人民代表大会制度必须充分了解和研究这一现状，明确到底应该坚持什么，完善什么——坚持根本原则是前提和基础，完善具体制度是为了更好地坚持人民代表大会制度。（2）健全民主制度，丰富民主形式，扩大公民有序的政治参与，保证人民依法实行民主选举、民主决策、民主管理、民主监督。人民代表大会的选举、会议、立法、监督、代表等制度和工作，由各级人民代表大会产生的行政机关、审判机关、检察机关的各项制度和工作，都需要按照健全、丰富和扩大的要求进行完善，实现民主的制度化、规范化和程序化，使民主的程序和实体、形式和内容相统一，使国家的立法、决策、执行、监督等工作更好地体现人民的意志，维护人民的利益。(3)加强和改进党对人大工作的领导，支持人民通过人民代表大会行使国家权力，支持人民代表大会及其常委会依法履行职能，包括立法权、重大事项决定权、国家机关工作人员任免权、监督权等。(4)密切人大代表同人民群众的联系，形成开放、互动、畅通的关系，使人大代表能够深入了解民情、广泛反映民意、充分集中民智，使中国特色的代议制民主更具生机和活力。

三、逐步完善中国共产党领导的多党合作和政治协商制度

中国共产党领导的多党合作和政治协商制度是有中国特色社会主义的政党制度，是实现人民民主的又一条基本途径。新中国成立后，中国共产党领导的多党合作和政治协商制度得到了不断完善和发展，在推进社会主义民主政治建设的过程中发挥了积极的作用。但是，中国共产党领导的多党合作和政治协商制度也还有一些不完善的地方，需要在新形势下不断充实和完善。从目前我国的实际看，可以考虑从以下几个方面完善中国共产党领导的多党合作和政治协商制度：(1)充分认识当今世界的民主化潮流。民主是世界政治文明发展的成果，也是世界各国人民的普遍要求，不断地走向民主是世界政治文明发展的趋势。从20世纪70年代开始的第三次民主化浪潮声势浩荡，先后席卷了南欧、拉美、西亚、东亚、东欧、中东等世界大部分地区。不管我们愿不愿意，这股世界潮流都会对我国的政党制度产生影响。不排除这种影响有积极的一面，但它实际上更多的是挑战。面对世界民主化的潮流，我们不能盲目顺应，但也不能忽视其影响。(2)坚持新型政党制度的鲜明特色。中国共产党领导的多党合作和政治协商制度，是符合我国国情的有中国特色社会主义的政党制度，既与西方国家的"两党制"和"多党制"相区别，也区别于其他国家的"一党制"。中国共产党领导的多党合作和政治协商制度具有独特的政治优势，保证了中国特色社会主义事业既有坚强的政治领导核心，又能够获得广泛的社会支持；既能够获得多元化的政治表达，又能够避免政党倾轧、避免所谓的政治内耗；既能够充分发扬人民民主，又能够形成高度的政治认同；既能够保持社会稳定，又能够营造和谐氛围；既能够保持一致性，又能够体现多样性；既规范有序，又充满活力。(3)推进新型政党制度的制度化、规范化。民主党派存在的价值很大程度上是监督共产党,民主党派应该发出不同声音。但在我国政党制度的实际运行当中,民主监督因为是一种柔性监督职能,缺乏有约束力和有效力的制度作保证,所以比较薄弱。然而,有效的监督需要有相应的权利和权力,也就是要有受到法律保护的实施监督的权利,以及实施监督时排除干扰和阻力的权利,使柔性监督具有刚性的操作权威。为此,需要尽快形成一套规范化、程序化,具有可操作性的监督制度,从制度上明确和增强民主党派相应的权利和权力。(4)充分发挥民主党派的作用和政治功能。我国的民主党派原来是联系和代表资产阶级和小资产阶级的政治力量,随着改革开放的深入发展,我国的社会状况发生了很大的变化,出现了一些新的社会阶层,不同的社会阶层在思想认识和利益分配上都表现出不同的特点。这种变化,使各民主党派面临一个新的历史要求,就是发挥他们的政治特色,到新的社会阶层和那些具有多样思想认识和政治要求的知识分子中去做工作,联系和团结他们,引导他们有序参与政治活动,进入到中国共产党领导的多党合作和政治协商制度中来,走中国特色的社会主义民主政治发展道路。

四、逐步完善基层群众自治制度

基层民主是我国广大工人、农民、知识分子和各阶层人士,在城乡政权机关、企事业单位和基层自治组织中依法直接行使民主权利。基层群众自治制度具有全体公民广泛和直接参与的特点,它不仅是一种基层自治和民主管理制度,而且作为国家制度民主的具体化,是社会主义民主广泛而深刻的实践。基层群众自治制度在推进社会主义民主政治的过程中起到了积极的作用,但仍然有一些需要进一步完善的地方。从目前我国的实际看,可以考虑从以下几个方面完善基层群众自治制度:(1)要扩大基层群众自治范围。目前,基层群众自治主要集中在村民自治、居民自治、企事业单位民主自治三个领域。为此,还要扩大基层群众自治范围,扩大新兴社会组织的自主权、自治权和基层群众参与权,同时鼓励人们积极参与自治组织的自我管理、自我教育、自我服务活动。(2)要建立政府行政管理与基层群众自治有效衔接和良性互动的动行机制。政府的行政管理权与基层群众的自治权存在一定的张力,以村民自治为例,虽然按照村委会组织法的规定,村委会是基层群众自治性组织,但乡镇政府是一级政府,乡镇政府与村委会的关系是指导与被指导的关系。(3)要建立健全与基层群众自治制度相适应的利益协调机制、诉求表达机制、矛盾调处机制和权益保障机制。坚持和完善村民自治、居民自治、企事业民主,发挥社会自治功能,是推进社会主义基层民主的重要内容。为了更好地调动广大人民群众的积极性和主动性,促进各项改革和建设事业的全面发展,必须完善民主权利保障制度。从基层群众自治实践来看,当前应该着力发挥民间机构和社会组织在群众利益诉求、利益表达方面的独特地位,增强村委会、居委会、职代会等社会组织在扩大群众参与、反映群众诉求方面的积极作用,进一步增强其社会自治功能。

第四章　中国的包容性发展是和谐发展

随着我国经济社会的不断发展，中国特色社会主义的总体布局，逐渐由经济建设、政治建设、文化建设三位一体发展到经济建设、政治建设、文化建设、社会建设、生态文明建设五位一体。为适应这一转变，中央提出了构建社会主义和谐社会的目标和任务。构建社会主义和谐社会，实现和谐发展，是中国特色社会主义的本质属性，是国家富强、民族振兴、人民幸福的重要保证。实现经济的包容性增长，就要求我国要坚持走和谐发展道路，实现和谐发展。

第一节　和谐发展是时代对我国发展的必然要求

一、当前我国社会主义和谐社会建设中存在的主要问题

2006年10月，十六届四中全会提出了构建社会主义和谐社会的目标，并对社会主义和谐社会的建设做出了具体的部署。八年来，在党中央的正确领导下，经过全党和全国人民的共同努力，社会主义和谐社会建设进程扎实推进，和谐社会建设取得明显的成效。但是，由于各种原因，我们在和谐社会建设上还存在一些问题，在我们的社会生活中，还存在一些不和谐的因素。当前我国社会主义和谐社会建设中存在的问题主要表现在以下几个方面：

第一，人与人之间的关系不太和谐。改革开放三十多年来，在经济增长和生活水平提高的同时，人与人之间的关系在一定程度上得到了改善，初步形成了新型的社会主义人际关系。但是，在目前，由于个人诉求的多样化和人们收入差距过大等原因，人与人之间的关系还不是很和谐。人与人之间的关系不和谐有很多具体的表现。比如，人与人之间缺乏必要的信任，不仅社会上人与人之间缺乏必

要的信任，一个单位的同事之间在很多时候也存在缺乏信任的问题；一些地方报道了老人跌倒在地，要么无人相助，要么在旁人能够证明不是他把老人撞倒的情况下才愿意相助……这些都是典型的人与人之间缺乏必要信任的表现。另外，人与人之间缺乏相互的关心和帮助，人与人之间关系的冷漠也是人与人之间关系不和谐的表现。

第二，人与社会的关系不太和谐。在当前，不仅人与人之间的关系不太和谐，人与社会的关系也不太和谐。人与社会关系的不和谐主要表现在三个方面：一是由于人际关系紧张、生活和工作压力过大，有一部分人患上了阻碍人际交往的心理疾病，很少同他人交往，或者是只在网上同别人交往，企图远离社会，这表明，人们不能很好地融入社会中，这是人与社会关系不和谐的一个表现。二是有一部分人在自己的需求得不到满足或者工作、生活失意的情况下，迁怒于他人和社会，产生了仇视和报复社会的心态，极少数人甚至采取爆炸、袭击公交车等极端的行为报复社会。三是社会发展的失衡。城乡之间、产业之间、区域之间，都在不同程度上存在发展失衡的问题，社会发展的失衡在一定程度上加剧了社会不和谐的状态。近年来，社会上频繁发生的矿难、各种安全事故等，都是社会不和谐的具体体现。

第三，人与自然的关系不太和谐。目前，在社会主义和谐社会建设中存在的一大突出问题是人与自然的关系不和谐，表现为：一是资源的过度利用，我国每万美元产值消耗的铜、铝、铅、锌、锡、镍合计70.47千克，是日本的7.1倍、美国的5.7倍；二是能耗水平居高不下，我国的能耗水平是世界平均水平的2.4倍，是德国的4.97倍、日本的4.43倍、美国的2.1倍；三是环境污染严重，我国污染物排放强度高，单位GDP氮氧化物日排放量是日本的27.7倍、德国的16.6倍、美国的61倍；单位GDP二氧化硫排放量是日本的68.7倍、德国的26.4倍、美国的60倍。我国每一笔收入背后，都包含着更多的自然资源消耗和更大的环境污染代价。在我国，很多地方已失去了青山绿水，很多地方，如昆明的滇池在投入巨额资金经过多年的治理后，才初步遏止了进一步的污染或破坏。

我国社会主义和谐社会建设中存在的问题，就其原因来看，主要有以下几个方面：

第一，个人收入分配的失衡。改革开放三十多年来，我国经济在平稳快速增长的同时，人民群众的收入水平和生活水平都有了很大程度的提高。但是，在分配上，存在个人收入分配失衡的问题。收入分配失衡主要表现为收入分配秩序的不规范和收入差距的过大。个人收入分配的失衡表明经济增长的成果没有为绝大多数社会成员所共享，经济增长的成果没有包容到绝大多数社会成员。其结果是不同阶层的社会成员在社会地位和生活水平上出现了巨大的差距，一些社会矛盾由此激化，导致了诸如云南孟连事件、贵州瓮安事件等群体性事件的发生。

第二，区域经济发展不平衡。改革开放三十多年来，我国经济社会在整体上实现了平稳快速发展，但各地区的发展不均衡，区域经济发展不平衡的问题日益突出。东部地区发展快于中部地区，中部地区的发展又快于西部地区，西部地区远远落后于东部地区。2013 年，广东省的 GDP 为 62 163.97 亿元，而西藏的 GDP 为 802 亿元，差距达到 77 倍；东部广东、江苏、山东、浙江 4 省的 GDP 占全国的 33%，西南云南、贵州、四川、重庆 4 省市的 GDP 只占全国的 9% 左右，西北新疆、宁夏、青海、甘肃 4 省区的 GDP 只占全国的 3% 左右。2013 年，天津的人均 GDP 为 101 688.85 元，而贵州仅为 22 981.60 元，差距达到 4.4 倍。北京、上海、深圳等大城市的人均收入相当于高收入国家，西部低收入地区的人均收入则相当于低收入国家。区域经济发展的不平衡表明发达地区的发展没有包容落后地区的发展，区域发展不平衡不仅是经济问题，还是政治问题，区域经济发展长期的不平衡，势必诱发或加剧一些社会矛盾，影响社会主义和谐社会建设的推进。

第三，城乡发展不平衡。城市的发展没有包容农村的发展，出现了城乡结构的失衡。城乡结构失衡表现在多个方面：一是农村的发展远远落后于城市的发展，我国的大部分城市尤其是大中城市建设得像欧洲，广大的农村尤其是西部地区的农村则像非洲；二是城镇居民人均收入和农民人均收入差距过大，2013 年，城镇居民人均收入 26 955 元，农民人均收入为 8 896 元，差距达到了 3 倍之多；三是城镇居民能够享受到相对完善的社会保障，而农民却基本享受不到社会保障。城乡二元结构的长期存在，也势必会诱发或加剧一些社会矛盾，影响社会主义和谐社会建设的推进。

第四，道德的失衡。在经济增长，生活水平提高的同时，人们的思想道德素质并没有得到相应的提升，经济的增长没有包容到人们道德品质的提升。安全生产事故、食品安全问题、企业拖欠职工工资尤其是拖欠农民工工资等社会问题的频繁发生，和思想道德素质不高，尤其是诚信的缺失有很大的关系。药家鑫案件很好地说明了道德的失衡，尤其是诚信的缺失会对社会主义和谐社会建设产生恶劣的影响。

第五，经济增长方式失衡。改革开放三十多年来，虽然我国经济得到了快速发展，到 2010 年，我国的 GDP 已超过日本，成为世界第二大经济体，但我国经济的增长在很大程度上是建立在拼资源、高消耗的基础上的，经济增长的质量并不高，效益并不是很好，很多经济的增长是以环境的污染为代价的。经济增长没有真正转移到依靠科技进步和劳动者素质提高的轨道上来，经济增长没有包容资源的节约和环境的改善。

二、和谐发展是时代对我国发展的必然要求

我国提出构建社会主义民主法制、公平正义、诚信友爱、充满活力、安定有序、人与自然和谐相处的社会主义和谐社会，实现和谐发展是时代对我国发展的必然要求。

第一，实现和谐发展是符合世界发展潮流的发展道路。实现社会和谐，建设美好社会，不仅是中国共产党人追求的社会理想，也是人类孜孜以求的目标。在我国历史上，曾经产生过不少关于社会和谐的思想，从不同的角度提出过"大同"社会的理想。在西方，自近代以来，有不少思想家也先后提出过一些社会和谐的思想并提出了实现社会和谐的措施，但在资本主义制度下，由于存在着严重的阶级矛盾和阶级对立，不可能建立真正意义上的和谐社会。马克思、恩格斯在继承前人思想成果的基础上，创立了科学社会主义理论，勾画了共产主义社会的美好蓝图，指明了实现社会和谐的正确途径。进入 21 世纪以来，国际形势发生了广泛而深刻的变化，其基本趋势是在变化中寻求发展，在发展中实现和谐。站在新的历史起点上，我们要关注和顺应世界发展趋势，总结我国以往发展的经验，选择适合自己国情和时代特征的发展道路，这条发展道路的一个基本特征就是和谐发展。

第二，实现和谐发展是实现社会主义本质的客观要求。社会主义从本质上讲，是要在发展生产力的基础上实现共同富裕，这也是社会主义和资本主义的一个最基本的区别。共同富裕的社会不仅应该是一个实现了物质生活富裕和精神生活富裕的社会，而且应该是一个消除了阶级之间、城乡之间、不同社会阶层之间的对立和差别，劳动者的主动性、积极性、创造性得到充分发挥，实现人与人、人与自然和谐共处的社会。要实现社会主义的本质，不仅需要在大力发展生产力的基础上，使社会物质财富得到极大丰富，为共同富裕的实现奠定物质基础，而且要在生产力发展、经济增长的基础上，使经济的增长有效地包容社会建设，着力解决各种影响社会和谐的社会矛盾，着力消除各种影响社会和谐的因素，实现

人与人、人与自然、人与社会的和谐共处。只有这样，才能在生产发展、经济增长的基础上促进社会主义本质的实现。

第三，实现和谐发展是完成全面建成小康社会奋斗目标的需要。改革开放以来，我国的经济社会发展取得了巨大的成就，人民群众的生活水平得到了显著的提高，从温饱不足到小康有余，实现了"三步走"发展战略的第二个战略目标。从本世纪初开始，进入了全面建设小康社会的新时期。经过本世纪前十年的发展，全面建设小康社会的进程扎实推进，综合国力和人民生活水平都上了一个新的台阶。但是，我们要看到，我国已经进入了改革发展的关键时期，经济体制深刻变革，社会结构深刻变动，利益格局深刻调整，思想观念深刻变化。这种空前的社会变革，给我国的发展进步带来了巨大的活力，也必然带来这样那样的矛盾和问题。目前，我国社会总体上是和谐的，但是，也存在不少影响社会和谐的矛盾和问题，这些问题如果处理不好，就会严重影响社会和谐稳定和全面建成小康社会的大局。所以，要完成全面建成小康社会奋斗目标，需要让经济的增长包容和谐社会的建设，实现经济和社会的和谐发展。

第四，实现和谐发展是我们把握复杂多变的国际形势、有力应对来自国际环境的各种挑战和风险的必然要求。新世纪新阶段，我们面临的发展机遇和面对的挑战都是前所未有的，一方面和平、发展、合作成为时代潮流，世界多极化和经济全球化的趋势深入发展，科技进步日新月异，另一方面国际环境复杂多变，综合国力竞争日趋激烈，影响和平发展的不稳定和不确定因素增多，我们将长期面对发达国家在经济、科技等方面的压力。在复杂多变的国际形势下，我们想要很好地应对来自外部的各种挑战和风险，就必须先把国内的事情办好，通过和谐社会建设，始终保持国家统一、民族团结、社会稳定的局面。所以，要应对复杂多变的国际形势，应对外部的各种挑战和风险，就需要让经济的增长包容和谐社会的建设，实现经济和社会的和谐发展。

第二节　和谐发展需要实现包容性增长

一、和谐发展和经济包容性增长具有一致性

在发展道路上，党中央根据我国建设中国特色社会主义的实际，顺应时代发

展的要求，提出了构建社会主义和谐社会，让经济的增长包容社会建设，实现社会和谐发展的思想。在建设中国特色社会主义的实践中，和谐发展和经济的包容性增长具有一致性，表现在：（1）经济包容性增长和社会主义和谐社会建设在目的上是一致的。实现经济的包容性增长，从最终目的上看，是要让绝大多数社会成员公平地分享经济增长的成果，缩小社会成员在社会生活各方面的差距，体现和实现社会的公平正义，在此基础上提高人民群众的生活水平，促进人的全面发展。社会主义和谐社会建设，从最终目的上看仍然是强调在经济增长的基础上，通过和谐社会的建设，缩小社会成员在社会生活各方面的差距，解决或者缓解一些社会矛盾。社会主义和谐社会建设仍然要强调体现社会的公平正义，仍然要强调改善人民群众的生活质量，提高人民群众的生活水平，仍然要强调促进人的全面发展。所以，经济包容性增长和社会主义和谐社会建设在目的上是一致的。（2）经济包容性增长和社会主义和谐社会建设在基础上是一致的。经济的包容性增长首先是一种增长，要实现经济增长成果的公平共享，让经济增长的成果惠及绝大多数社会成员，并使经济的增长能够包容社会建设、包容环境改善、包容人民群众生活水平的提高，必须建立在经济持续稳定增长的基础上，从某种意义上看，没有增长就没有包容，包容性增长的基础是经济的持续稳定增长。社会主义和谐社会的建设，同样要建立在经济持续稳定增长的基础上，因为，在构建社会主义和谐社会的过程中，无论是民生的改善，还是社会矛盾的化解，无论是城乡差距、区域经济发展差距的缩小，还是基本公共服务体系的完善，无论是社会主义民主法制的完善，还是人民群众民主权利的实现，无论是教育、科学、文化、卫生等社会事业的发展，还是社会管理体系的完善，都必须建立在经济持续稳定增长的基础上。所以，经济包容性增长和社会主义和谐社会建设都需要以经济的持续稳定增长为基础。（3）经济包容性增长和社会主义和谐社会建设是相互促进的。经济的包容性增长，可以使经济增长的成果惠及绝大多数社会成员；可以有效地缩小社会成员在社会生活各个方面的差距，提高人民群众的生活水平，促进共同富裕的实现；可以解决或缓解一些社会矛盾，有效地减少社会不和谐的因素；可以使经济的增长与资源的节约利用和环境的改善相互包容，促进人与自然的和谐发展。经济的包容性增长可以在各个方面有效地增加社会的和谐因素，减少社会不和谐的因素，推动和促进社会主义和谐社会建设。社会主义和谐社会建设又必然要求经济增长的成果要实现公平的共享，让经济增长的成果能够包容绝大多数社会成员，让经济建设能够包容社会的建设，包容环境的改善。

所以，社会主义和谐社会建设也就必然要求经济实现包容性增长。

二、实现经济包容性增长，促进社会主义和谐社会建设

实现经济包容性增长，让绝大多数社会成员能够公平享受经济增长的成果，使发达地区的增长能够包容不发达地区的增长，使城市的增长能够包容农村的增长，使经济的增长能够包容环境的改善和资源的节约，让经济的增长和人们思想道德素质的提高相互包容，这些，都会对社会主义和谐社会建设产生巨大的推动和促进作用。

第一，目前，我国社会主义和谐社会建设中的一个突出问题就是有一部分社会成员没有享受到，或者没有完全享受到经济增长的成果，致使一部分社会成员的生活水平没有得到提高或者提高不大，生活比较困难，同社会的平均生活水平产生了较大的差距。相关资料表明，2013年末，我国农村的贫困人口有8 249万人。有相当一部分低收入群体，虽然其收入水平在贫困线以上，但在不断攀升的物价水平下，仍然生活得比较困难。大量低收入人群的存在，必然会产生一系列的社会问题和社会矛盾。他们中的一些人，会产生对社会的仇视，极端的会采取不同的方式去报复社会。一部分低收入者为了生计，置法律于不顾，用盗窃、抢劫、卖淫等方式获取生活来源，走上了危害社会、违法犯罪的道路。这些，都在很大程度上影响了社会的和谐和稳定。包容性增长是一种共享式的增长，实现经济包容性增长，可以使大多数社会成员共享经济增长的成果，提高生活水平，有利于缓解社会矛盾，促进和推动社会主义和谐社会建设。

第二，目前我国社会的一个典型特征就是城乡二元结构。城乡二元结构表现在社会生活的方方面面，比较明显的表现：一是城乡经济社会发展水平的不平衡，城市的经济社会发展水平远远高于农村，存在着巨大的城乡差距；二是城镇居民和农村居民在收入上的不平衡，据国家统计局公布的数据，2013年，我国城镇居民人均收入26 955元，农民人均收入为8 896元，差距达到了3倍之多，加之城镇居民和农村居民在享受社会保障方面的差距，造成了城镇居民和农村居民在生活水平上的差距；三是城镇居民和农村居民在享受权利上的不平衡，虽然我国宪法规定了公民都能够平等地享受权利，但在实际生活中，由于各种原因，城镇居民和农村居民在享受权利上是不平衡的，城镇居民在子女入学、就业、就医等方面都优于农村居民，长期以来存在的农民工子女入学难问题，就是城镇居民和农村居民在享受权利上不平衡的典型表现。城乡二元结构的存在表明城市的

发展没有很好地包容农村的发展，经济增长的成果没有实现城乡共享。同时，城乡二元结构，还会诱发一些社会矛盾和问题，加剧一些已经存在的社会矛盾，影响社会主义和谐社会的建设。实现经济包容性增长，让城市的发展能够包容到农村的发展，让经济增长的成果更多地惠及农村居民，提高农村居民的生活水平，这样就能够很好地实现经济发展的城乡共享，有利于缩小城乡差距，减少和缓解由于城乡差距过大而产生的社会矛盾，促进和推动社会主义和谐社会建设。

第三，区域经济发展的不平衡一直是困扰我国经济社会科学发展的一大问题。我国的改革开放是从东部地区开始的，由于自然条件、资金、技术等各个方面的原因，东部地区的发展一直快于中西部地区，中部地区的发展虽然比东部地区慢一些，但仍然快于西部地区，由此造成了区域经济发展的不平衡。西部地区12个省、自治区、直辖市，国土面积占全国总面积的71.4%，但2013年的GDP只占全国的20%左右，人均GDP仅相当于全国平均水平的2/3左右。西部又是少数民族的聚居区，大部分省区还是边境地区，西部地区发展不起来，不仅会影响到民族的团结和社会的稳定，还会影响到国防的巩固和边疆的稳定。所以，区域发展不平衡问题不仅仅是一个经济问题，而且还是政治问题、民族问题。区域发展的不平衡表明东部地区的发展没有很好地包容西部地区的发展，经济增长的成果没有实现区域共享，同时，区域发展的不平衡，也同样会诱发和加剧一些社会矛盾，影响社会主义和谐社会的建设。实现经济包容性增长，让东部地区的发展更好地包容和带动西部地区的发展，可以实现经济发展的区域共享，有利于缩小区域经济发展的差距，减少和缓解由于区域经济发展差距过大而产生的社会矛盾，促进和推动社会主义和谐社会建设。

第四，经济增长方式的转变也是社会主义和谐社会建设中需要解决的一个重点问题。改革开放三十多年来，我国经济得到了快速发展，综合经济实力迅速增强。改革开放之初的1978年，我国的GDP仅为3 645.22亿元，按当时的汇率折算，为2 683亿美元，排在世界第15位。根据国家统计局的最终核实，2013年，我国的GDP达到568 845亿元，按2013年年末的汇率折算，为9.4万亿美元左右，成为世界第二大经济体。但我国在经济增长的方式上，主要不是通过科学技术的进步取得的，更多的是依靠对资源、能源的消耗来取得的。对资源、能源的过度消耗，不仅会影响到经济持续、稳定的增长，而且还会破坏环境，引发生态危机。这种增长方式，是一种以牺牲长远发展和以牺牲环境为代价的发展方式。这种方式的增长，影响到了经济增长的质量和效益，影响到了经济发展的协调性和可持续性，影响到了生态环境的改善。这一问题的存在表明，经济增长并没有包容资源的节约，没有包容环境的改善，没有包容生态的平衡，量的增长没有很好地包容质的提高。这一问题的存在，也会引发和加剧一些社会矛盾，影响社会主义和谐社会的建设。实现经济包容性增长，把经济增长方式转移到主要依靠科学技术进步和劳动者素质提高的轨道上来，在保证经济增长的同时，推进资源的节约和环境的保护，促进人与自然的和谐，促进社会发展和生态平衡之间的和谐，促进和推动社会主义和谐社会建设。

第五，社会主义和谐社会的建设，不仅需要有一个稳定的国内环境，而且需要有一个稳定和谐的国际环境。目前，虽然和平和发展仍然是世界的两大主题，但国际社会不稳定、不和谐的因素还很多，强权政治、霸权主义依然存在并影响着各国的和平发展，影响着和谐世界的建设，从某种意义上讲，当今世界仍然是一个动荡不安的世界。国际社会中的不安定因素，必然会影响到国内的建设和发展，影响到经济的增长，几年前发生的利比亚事件，使我国蒙受了重大的经济损失，在一定程度上影响了我国社会主义和谐社会的建设。实现经济包容性增长，一方面，让经济的增长更好地包容国防的建设，在经济增长的同时，建设一支强大的人民军队，使之既能够有效地保护我国在海外的经济利益，又能够用自己的力量有效地维护世界和平，推动和促进和谐世界的建设。另外，在我国经济发展的同时，要包容其他国家经济的发展，实现各国经济发展的互利和共赢，这样，就能够减少国际社会中的不稳定和不和谐因素，推动和谐世界的建设，能够为社会主义和谐社会的建设提供良好的外部环境，推动和促进社会主义和谐社会的建设。

第三节 新形势下坚持走和谐发展道路需要处理好的几个重要问题

一、协调经济建设和社会建设的关系，让经济增长包容民生的改善

当前我国和谐社会建设中存在的一个突出问题是社会建设滞后于经济建设，经济增长的成果没有能够很好地包容社会的发展，与人民群众生活密切相关的一些领域发展不足。教育是社会建设中的一个重要内容,改革开放三十多年来,我国的教育事业得到了快速发展,在数量上基本上满足了人民群众对教育的需求,但我国的教育发展不平衡,优质教育资源不仅在数量上明显不足,而且存在分布不均衡的状态,优质教育资源大部分分布在大中城市,人民群众对优质教育资源的需求还得不到满足,上学难的问题还没有从根本上得到解决。医疗卫生事业同样是社会建设中的重要内容,改革开放三十多年来,我国的医疗卫生事业得到了快速发展,但是,在医疗卫生方面存在数量不足,特别是优质医疗资源数量不足的问题,看病难、看病贵的问题还比较突出,人民群众基本的医疗需求还得不到满足,影响了人民群众健康水平的进一步提高。中国特色的社会保障制度在改革开放以后得到了发展,但目前我国的社会保障制度还不完善,一是社会保障制度这一张"网"还不够大,没有实现社会保障的全面覆盖,大部分农村居民,一部分城市无业人员,其基本的生活还没有得到保障;二是社会保障的水平比较低,还难以满足人民群众的基本生活需求。此外,文化、社会公共服务等社会事业也滞后于经济的发展。

社会建设滞后,不仅使一部分社会成员基本的生活需求得不到保证,使人民群众的生活很不方便,而且导致社会矛盾增多,影响了社会主义和谐社会的建设,并使经济建设的制约因素增多,延续下去会导致经济发展失去动力。当前,我国社会集中显现的各种问题也证明了这一点。因此,在中国特色社会主义建设中,要协调好经济建设和社会建设的关系,在经济增长的同时,加强社会建设,让经济增长包容民生的改善。加强社会建设,要把保障和改善民生作为全部工作的出发点和落脚点,增加政府对社会的投入,着力解决教育、就业、医疗卫生、社会保障等民生问题。同时,要统筹城乡协调发展,推进城乡一体化进程和社会主义新农村建设,努力把公共服务延伸到广大农村和农民身上。加强社会建设,最重要的还是要努力实现社会公平。一方面,要强力推进收入分配制度改革,实现共同富裕的社会发展整体目标;另一方面,要大力弘扬法治精神,依法保障人民群众的合法权益,在社会主义法律体系的框架内实现社会的公平正义。

二、调整收入分配政策,切实提高人民群众的生活水平

收入分配政策关系到人民群众的切身利益。改革开放三十多年来,在生产力发展和经济增长的基础上,人民群众的生活水平得到了大幅度提高,从温饱不足发展为小康有余。但是,我们也不能不看到,目前,有相当一部分人民群众的生

活还比较困难，与全面小康的目标还有比较大的差距。造成这一问题的主要原因是生产力发展水平不高，经济增长的质量和效益不高。但是，收入分配政策过度向政府和企业倾斜也是一个重要的原因。在"十二五"及今后一个时期，需要调整收入分配政策，不仅要通过发展经济，把社会财富这个"蛋糕"做大，也要通过合理的收入分配制度把"蛋糕"分好，使新增的社会财富能够在国家、企业和个人之间得到公平合理的分配，切实提高人民群众的生活水平。

调整收入分配政策，一要抓紧制定调整国民收入分配格局的政策措施，逐步提高居民收入在国民收入分配中的比重，提高劳动报酬在初次分配中的比重。加大财政、税收在收入初次分配和再分配中的调节作用。创造条件，让更多群众拥有财产性收入。二要深化垄断行业收入分配制度改革。完善对垄断行业工资总额和工资水平的双重调控政策。严格规范国有企业、金融机构经营管理人员特别是高管的收入，完善监管办法。三要进一步规范收入分配秩序。坚决打击取缔非法收入，规范灰色收入，逐步形成公开透明、公正合理的收入分配秩序，坚决扭转收入差距扩大的趋势。

调整收入分配政策，首先要着力提高低收入者收入。提高低收入者收入，一要通过多种途径，增加就业岗位，促进充分就业的实现；二要逐步提高最低工资标准，使低收入者收入水平明显提高；三要把公共资源向弱势群体倾斜。低收入者是社会弱势群体，提高他们的收入有助于化解以往积累的社会矛盾，实现社会公平正义。其次要扩大中等收入群体，形成中等收入群体占主体的"橄榄型"分配格局。目前我国存在中等收入群体面临税负较重、医疗教育等支出过大等突出问题，在"十二五"期间，要合理调整个人所得税税基和税率结构，提高工资薪金所得费用扣除标准，减轻中低收入者税收负担。同时，提高公共服务支出比重，大力发展公共服务，提高公共服务水平。最后要合理调节高收入者收入。对于高收入阶层，则要区分收入来源加以调节。市场充分竞争形成的合理高收入要保护，不合理的高收入要调控。只有着力提高低收入者收入，扩大中等收入群体，合理调节高收入者收入，才能让绝大多数社会成员公平地分享经济增长的成果，使人民群众的生活水平得到切实提高，实现全面建成小康社会的奋斗目标。

三、加强资源的有效利用和环境保护，实现人与自然的和谐发展

当前我国社会主义和谐社会建设中存在的一个突出问题是经济的增长没有很好地包容生态环境的改善，存在资源过度利用、生态环境失衡的问题。资源过度利用和生态环境失衡，影响了人与自然的和谐发展，影响了社会主义和谐社会的建设。我国走和谐发展道路，就要加强资源的有效利用和环境保护，实现人与自然的和谐发展。

实现人与自然的和谐发展，首先要加强资源的有效利用。改革开放以来，我国经济迅速发展，综合国力显著增强，人民生活水平明显提高，取得了举世瞩目的骄人成就。但也应该清醒地认识到，经济高速增长很大程度上是依赖于资源的高投入、低利用和高排放的粗放生产方式来实现的，表现为资源利用率低、浪费大、污染重。从某种意义上说，经济高速增长是以牺牲资源和环境的巨大代价换来的。由于资源的过度利用，经济增长受资源"瓶颈"的制约作用日益凸显，虽然我国资源总量位居世界前列，但人均资源拥有量远低于世界平均水平。大部分资源的人均占有量仅为世界平均水平的1/3，甚至1/5，如人均耕地和淡水资源都仅为世界人均占有量的1/4，45种主要矿产资源人均占有量也不到世界平均水平的一半。目前，国内资源供给不足，导致重要资源对外依赖程度加深。我国约50%的铁矿石和氧化铝、60%的铜、34%的原油依赖进口。同时，在生产、流通、消费领域浪费资源的现象相当严重。尽管我国已经成为煤炭、钢铁、铜的世界第一消费大国，是继美国之后的世界第二石油和电力消耗大国，但与此形成强烈对比的是：我国所创造的GDP不到美国的2/3，单位GDP能耗则比发达国家高3~6倍。要实现经济的持续稳定增长，必须转变经济增长的方式，把经济增长转移到依靠科学技术进步和劳动者素质提高的轨道上来，建设资源节约型社会。

实现人与自然的和谐发展，还要加强环境的保护。当前生态恶化、环境污染严重，是制约我国社会经济发展、造成人与自然关系紧张的重要因素。近年来"两高一资"（即高耗能、高污染、资源性）产品的无限制生产，也导致资源的过度开发和污染物的大量排放，直接破坏了生态和污染了环境。目前，我国已成为世界三大酸雨区之一和温室气体的第二大排放国，每年因大气污染而造成的经济损失量已经占了当年全国GDP的3%~7%。同时，由于人口急剧增长，以及毁林开荒、过度放牧、围湖造田和城市建设等不合理开发，造成耕地急剧减少、土地沙化和盐碱化，致使水旱等重大自然灾害、生态环境突发事故频繁发生。要实现经济社会的协调发展，必须在经济增长的同时，加强生态环境的保护，建设环境友好型社会。

四、加快农村的发展，实现城乡的和谐发展

当前我国社会主义和谐社会建设中存在的另一个突出问题是城乡发展的失衡，农村的发展落后于城市的发展，由此形成了城乡的二元结构。城乡发展的失衡，会引发一系列的社会矛盾和问题，会增加一些社会不和谐的因素，影响社会主义和谐社会的建设。我国走和谐发展道路，就要加快农村的发展，实现城乡的和谐发展。

实现城乡的和谐发展，首要的是积极推进城镇化建设，加快农村的城市化进程。全面建设小康社会最艰巨、最繁重的任务在农村。推进城镇化健康发展，构建具有中国特色的城镇发展新格局，是贯彻落实科学发展观，构建社会主义和谐社会和全面建成小康社会的重要任务。要坚持大中小城市和小城镇协调发展，提高城镇综合承载能力，按照循序渐进、节约土地、集约发展、合理布局的原则，积极稳妥推进城镇化。到2013年，我国的城镇化水平已达到了52.6%，城镇化进入了一个关键时期，在这一城镇化发展的关键时期，实施好城镇化战略，对于扩大内需、推动国民经济增长，对于优化城乡经济结构、促进国民经济良性循环和社会协调发展，都具有重要意义。我国城镇化既要发展城镇、建设城镇、繁荣城镇，同时又要发展农村、建设农村、繁荣农村，实现城乡协调发展。

实现城乡的和谐发展，还要积极推进社会主义新农村建设。在社会主义新农村建设中，要树立新的发展理念，以科学发展观为指导，既要努力着眼于城乡协调发展，又要努力着眼于农村产业结构的新格局、农民生活水平的新提高、民风民俗的新风尚、乡村面貌的新变化、乡村治理的新机制、农村管理体制的创新和精神文明的不断推进等，全面推进农村经济建设、政治建设、文化建设、和谐社会建设、党的建设，实现农村的全面进步。在社会主义新农村建设中，要把着眼点和归属放到增加农民的收入上。促进农民增收，是社会主义新农村建设的基本出发点和归属，是缩小城乡居民收入差距的基本途径，是实现城乡和谐发展的必然要求，要坚持以大力发展农村经济为中心，促进农民收入稳步提高，切实提高农民的生活水平。

第五章　中国的包容性发展是共赢发展

在世界各国联系日益紧密和世界经济一体化的情况下，中国的发展离不开世界，世界各国的发展也需要中国，中国的发展要通过和其他国家的合作和共赢来实现，走共赢发展的道路。共赢发展道路是时代对我国发展的必然要求，实现经济的包容性增长，就要求我国要坚持走共赢发展道路，实现和世界各国的共赢发展。

第一节　共赢发展是时代对我国发展的必然要求

一、我国共赢发展道路的特点

在当今世界，国与国之间的联系进一步密切和加深，世界经济一体化的趋势不断加强。在这种情况下，任何一个国家要想发展，都必须使自己有效地融入国际社会中，和其他国家实现共同发展。我们提出走共赢发展道路，是根据世界发展的潮流和趋势提出的符合我国国情的发展道路，是致力于促进世界各国共同发展、共同繁荣的发展道路。

我国的共赢发展道路，是一条借助国际有利因素来发展自己，又以自身的发展促进国际经济发展的发展道路；是一条既依靠自身力量和改革创新实现发展，同时又使本国的发展同世界各国的发展紧紧联系在一起的发展道路；是一条顺应经济全球化发展趋势，努力实现与各国的互利共赢和共同发展的发展道路；是一条坚持互利、发展、合作，与各国共同致力于建设持久和平与共同繁荣的和谐世界的发展道路。我国的共赢发展道路，有五个特点。

第一，发展的合作性。世界各国要实现经济的共赢发展，必须坚持各国相互合作的原则，加强国与国之间在经济文化各个方面的合作与交流，从某种意义上说，没有合作就没有共赢，因为：（1）世界各国在发展中只有相互合作与交流，才能更好地发挥本国的优势，实现共赢发展。每一个国家，都有自己在发展上的优势，也有自己在发展上的劣势。如我国国内市场广大、劳动力资源丰富、劳动力成本相对较低就是我国在发展上的优势，而劳动者素质不高、科学技术水平相对落后，则是我国发展的劣势。要实现本国经济和社会的发展，就需要每一个国家在经济社会发展中，扬长避短，充分发挥自己的优势，克服自己的不足。而要做到扬长避短，充分发挥自己的优势来促进本国经济和社会的发展，就需要加强国与国之间在经济文化各个方面的合作与交流。（2）世界各国在发展中只有相互合作与交流，才能更好地利用好外部发展条件，促进本国的发展，从而实现共赢发展。一个国家经济社会的发展，应把立足点和基点放在自力更生上，主要依靠本国的力量和本国人民的努力来实现自身的发展。但是，外部发展条件仍然是一个国家经济社会发展的一个重要的因素，利用好外部发展条件，可以促进和推动本国经济社会更好更快地发展，而要利用好外部发展条件，促进本国经济社会的发展，就需要加强国与国之间在经济文化各个方面的合作与交流。（3）世界各国在发展中只有相互合作与交流，才能团结起来，共同应对和克服世界经济发展的问题和困难，实现共赢发展。世界经济在发展过程中，会出现一些困难和问题，这些困难和问题得不到克服和解决，就会影响到世界各国的发展。面对世界经济发展过程中出现的问题和困难，仅仅依靠一个国家的力量是很难克服的，需要世界各国携起手来，加强合作与交流，共同克服世界经济发展过程中出现的问题和困难，为世界各国的发展创造良好的外部条件，实现世界各国的共赢发展。

第二，发展的互利性。国与国之间在经济文化各个方面要实现合作与交流，就必须坚持互利性的原则，在合作与交流中，交流与合作的各方都应该受益，都应该通过交流与合作，从不同的方面促进本国经济社会的发展，提高本国人民的生活水平，增加国家的综合国力。从某种意义上讲，不坚持互利性的原则，就不可能有国与国之间的交流与合作，因为：（1）每个国家都有自己的利益，都希望通过与其他国家的交流与合作实现自己的利益，促进本国经济社会的发展，如果在与其他国家的交流与合作中，自己的利益得不到实现，就会影响到与其他国家的交流与合作的主动性和积极性，国与国之间的交流与合作就失去了基础。（2）一个国家在与其他国家的交流与合作中，获得了自己的利益，实现了自己的发展，不仅能够在一定程度上促进世界经济的增长，也会为其他国家在交流与合作中实现本国的利益提供条件，以促进世界各国的共赢发展。

第三，发展的互补性。由于历史、自然等多方面的原因，每一个国家在经济社会发展中，都有自己的优势和长处，也有自己的不足和短处，在经济社会发展中，要使本国的经济社会实现可持续发展，就必须扬长避短，和其他国家经济发展实现互补，在互补中更好地发挥本国的优势，在互补中更好地克服自身的不足，只有这样，才能真正实现世界各国的共赢发展。例如，我国在发展中的一个突出的优势是国内市场广大，劳动力资源丰富，劳动力的成本相对较低，而我国在发展中面临资源相对不足、科学技术水平相对滞后等问题。这些问题要得到解决，就需要通过和其他国家经济社会发展实现互补，以平等的方式，从资源丰富的国家获得我国发展所需要的资源，从科学技术发达的国家获得我国发展所需要的科学技术。这样，就能够更好地实现我国经济社会的可持续发展。

第四，发展的共同性。中国走共赢发展道路，既符合中国自己的利益，也符合世界各国的共同利益。中国的发展，不仅不会影响、威胁到其他国家的发展，不会损害其他国家的利益，还会为其他国家的发展提供更多的机会，带动和促进其他国家的发展。近年来，正是中国经济的持续快速发展，带动了世界经济的发展，为其他国家的发展创造了良好的条件，带动了其他国家的经济的发展。中国坚持自己的国家利益与人类共同利益的一致性，在自身发展的同时，努力与世界各国实现共同发展，决不做损人利己、自私自利的事，决不把自己的发展建立在损害他国利益的基础上，而是要通过自己的发展，为其他国家的发展创造条件，以推动和促进世界各国的共同发展。

第五，发展的整体性。在世界各国联系日益紧密，世界经济一体化趋势不断加强的背景下，世界各国要实现经济的共赢发展，必须把世界经济作为一个整体来对待，体现发展的整体性。世界经济作为一个整体，每个国家的经济都是这个整体中的一个部分，都和世界的经济存在着紧密的联系，世界经济能够持续稳定地发展，必然会为各国经济的发展创造一个良好的外部环境，会促进和推动各国经济社会的发展。如果世界经济在发展中遇到了问题和困难，出现了危机，也同样会在一定程度上影响各国经济的发展。所以，每个国家在经济社会发展中，不能只考虑自己的发展，只关心自己的利益，还需要考虑世界经济的发展，并为世界经济的发展做出力所能及的贡献。

二、共赢发展是时代对我国发展的必然要求

合作、互利、共赢是当今世界发展的趋势和潮流,我国提出走共赢发展道路,既顺应了世界发展的趋势和潮流,也符合我国的国情,共赢发展是时代对我国发展的必然要求。

第一,世界经济的整体性和世界经济的一体化,要求我国要走共赢发展的道路。当今世界,各个国家之间的联系日益紧密,世界经济的一体化趋势不断加强,世界经济已经形成了一个整体。作为世界整体的一个部分,我国的经济发展,同样和世界经济,和其他国家的经济存在着密切的联系。世界经济、其他国家的经济如果能够实现持续稳定发展,必然会对我国经济社会的发展产生积极的影响,会推动和促进我国经济社会的发展。如果世界经济、其他国家的经济在发展过程中遇到了困难和问题,同样会对我国经济社会的发展产生不利的影响。近年来发生的世界金融危机,不仅对世界经济的发展产生了消极的影响,使世界经济在发展的过程中遇到了诸多的问题和困难,也对我国经济社会的发展产生了不利的影响,同样使我国经济社会的发展遇到了一系列的问题和困难。因此,我们只有在发展过程中,和其他国家实现共赢,才能为世界经济的发展营造一个良好的外部条件,才能在促进和推动其他国家和世界经济发展的基础上更好地实现自己的发展。

第二,当前世界经济发展的趋势和潮流,要求我国要走共赢发展的道路。当前世界经济发展的一个基本的趋势和潮流就是合作、互利和共赢。只有合作,才能更好地发挥本国的优势来发展自己;只有合作才能更好地利用外部条件来发展自己;只有合作,才能共同应对世界经济在发展过程中遇到的困难和问题。只有互利,才能促进和加深世界各国的合作,推动和促进世界各国经济的发展;只有互利,才能在各国发展的同时,创造和平的国际环境,促进世界经济的增长;只有互利,才能使各个国家在共同利益的基础上团结起来,共同应对和克服世界经济在发展过程中遇到的困难和问题。世界各国在经济社会发展过程中的合作与互利,就必然会促进世界各国实现共赢发展。在合作与互利的趋势和潮流下,任何一个国家都不可能离开与其他国家的合作而实现发展,都不可能在侵害其他国家利益的基础上实现发展。我国在经济社会发展中,只有顺应世界经济发展的趋势和潮流,进一步加强和其他国家的合作与交流,在促进世界各国经济共同发展的基础上来实现自己的发展。

第三,我国发展的时代特征,要求我国要走共赢发展的道路。目前,我国在发展上,进入了一个新的发展时期,具有一些新的时代特征。我国的发展,是在和平、发展、合作成为时代主题背景下的发展;是在世界经济一体化趋势不断加深背景下的发展;是在既要推动我国经济社会又好又快发展,又要和世界各国携手克服世界经济困难,实现各国共同发展形势下的发展;是既要在经济增长的基础上实现人民富裕,又要在经济增长的基础上实现国家强大的发展;是既要实现全面建成小康社会的奋斗目标,又要为实现中华民族伟大复兴"中国梦"奠定基础的发展。我国发展的时代特征要求我国在发展中,要以自己的发展来促进世界经济的发展,促进世界各国经济的发展;要以自己的发展来解决和克服世界经济发展的困难和问题,促进世界经济形势的好转;要以当前的发展来为今后的发展打好基础。这些特征,要求我国要走共赢发展的道路。

第四,我国发展目标的实现,要求我国要走共赢发展的道路。目前,我国的经济社会发展进入了一个新的时期,在新的历史时期,我国的发展目标从近期看,是要在21世纪的头二十年,实现全面建成小康社会的奋斗目标,使综合国力和人民群众的生活水平都上一个新的台阶,并为实现长远目标打下坚实的基础;长期看,是要在21世纪中叶,实现中华民族伟大复兴的"中国梦",使中华民族屹立于世界民族之林,使中国成为世界上最强大的国家。要实现我国的发展目标,不仅需要全国人民在中国共产党的领导下,坚持走中国特色社会主义的道路,而且要求我国要维护好当前有利于我国发展的国际形势,充分利用当前有利的国际形势来加快我国的发展。为此,我们就要联合国际上一切能够联合的力量,团结国际上一切可以团结的力量,利用国际上一切有利于我国发展的因素来加快我国的发展。所以,要实现我国的发展目标,就要求我国走共赢发展的道路,在实现自己发展的同时,促进其他国家的发展,在此基础上为实现我国的发展目标创造良好的外部条件。

第二节 共赢发展需要实现包容性增长

一、共赢发展和包容性增长具有一致性

我国在和其他国家发展的关系上,提出了共赢发展,走共赢发展道路,实现

中华民族和世界各国的共同繁荣发展。在经济增长上，提出了要实现经济的包容性增长，让经济增长的成果公平地惠及全体社会成员。共赢发展道路和经济的包容性增长在内容和方式上具有一致性，表现在：（1）共赢发展和经济的包容性增长在目标上是一致的。我们倡导和其他国家实现共赢发展，其基本的目标是要在共赢发展中推动国际政治经济新秩序的建立，维护好我国发展所需要的国际形势，利用好国际上一切有利于我国发展的因素来加快我国经济社会的发展，最终的目标是要实现我国经济又好又快的发展，实现国家的强大和人民的富裕幸福。我们倡导经济包容性增长，其基本的目标，从国内来看，是要让经济增长的成果能够惠及绝大多数社会成员，让绝大多数社会成员共享经济增长的成果，以缓解一些社会矛盾；是要让发达地区的经济增长能够包容落后地区，实现区域经济的协调发展；是要让城市的发展能够更好地包容农村的发展，实现城乡的均衡发展；是要让经济的增长能够包容环境的改善，实现人与自然的和谐发展，为我国经济社会的发展创造良好的国内环境。从国际来看，是要让其他国家的发展能够包容我国的发展，使我国的发展也能够包容其他国家的发展，使各个国家的发展都能够相互包容，为我国经济社会的发展创造良好的国际环境。良好的国内环境和良好的国际环境最终都要为实现我国经济又好又快的发展服务，为实现国家的强大和人民的富裕幸福服务。所以，共赢发展和经济的包容性增长在目标上是一致的。（2）共赢发展和经济的包容性增长实现的基础具有一致性。在国际社会中，要做到利用国际上一切有利于我国发展的因素来推动和促进我国经济社会的发展，要能够做到有效地维护世界的和平与稳定，为我国的经济建设和社会发展创造一个良好的国际和平环境，实现和其他国家的共赢发展，就需要我国具备强大的综合国力。一个国家没有强大的实力作为基础，在国际上是没有话语权的，要想和其他国家实现共赢发展是不可能的。尤其是在霸权主义和强权政治依然存在的国际形势下，没有强大的实力作为基础，只能成为霸权主义国家侵略和宰割的对象，不仅不能实现发展，连国家的领土主权都难以得到有效的维护。落后就要挨打，不仅是中国近代史得出的一个基本的结论，也是当前国际社会现状的反映，伊拉克、利比亚两个国家就是最好的例证。所以，共赢发展要以国家强大的实力作为基础。经济包容性增长的实现同样需要以实力作为基础，无论是城市的发展要包容农村的发展，实现城乡发展的均衡化，还是发达地区的发展要包容落后地区的发展，实现地区之间的共同发展，无论是经济的增长要包容环境的改善，实现人与自然的和谐发展，还是经济增长的成果要更多地包容弱势群体，让绝大多数社会成员共享经济增长的成果，都需要以国家强大的实力作为基础。离开了国家强大的实力，包容性增长就无法实现。所以，共赢发展和经济的包容性增长实现的基础具有一致性，都要以国家强大的实力作为基础。（3）共赢发展和经济的包容性增长实现的途径具有一致性。在国际社会中，要实现和其他国家的共赢发展，就需要通过各种途径和办法，促进本国经济的发展，提高经济增长的质量和效益。在我国，促进本国经济的发展，提高经济增长的质量和效益的途径很多，比如，通过发展对外贸易来实现经济的增长、通过投资和消费的拉动来实现经济的增长、通过发展科学技术来促进经济的增长，等等，但是，最基本的途径就是通过科学技术的进步和劳动者素质的提高来实现经济的增长，从而实现和其他国家的共赢发展。要实现经济的包容性增长，也有很多途径和办法，如通过调整分配政策，提高中低收入者的收入水平，让经济增长的成果更多地包容社会的弱势群体，通过积极推进城镇化和进行社会主义新农村建设等途径，让城市的发展更好地包容农村的发展，通过西部大开发的实施，加快中西部地区的发展，让发达地区的发展更好地包容落后地区的发展，等等。但是，任何措施、办法和途径都要建立在经济增长的基础之上，因此要通过科学技术的进步和劳动者素质的提高来实现，从而促进包容性增长的实现。所以，共赢发展和经济的包容性增长在实现的途径上是一致的。（4）共赢发展和经济包容性增长是相互协调和相互促进的。共赢发展，主要是强调我国经济社会的发展要包容其他国家的发展，使世界各国都能够在世界经济发展的大潮中获得自己的利益，从而实现共赢发展。经济的包容性增长更多的是强调国内经济增长的成果要包容到绝大多数社会成员，让大多数社会成员都能够在经济增长中受益，让社会的弱势群体在经济增长中多受点益，以缓解国内的一些社会矛盾，促进经济持续稳定的增长，实现共同富裕的目标。在中国特色社会主义建设的实践中，共赢发展和经济包容性增长是相互协调和相互促进的。经济的包容性增长能够在经济增长的同时，通过政策的调整，解决或者缓解当前我国经济社会发展中的一些突出问题，促进国内经济持续、稳定、健康的发展，在此基础上，提高人民群众的生活水平，增加国家的综合国力，从而夯实共赢发展的物质基础，推动和促进共赢发展的实现。共赢发展是使我国能够在经济增长的同时，带动和促进其他国家经济的增长，让绝大多数国家都能够在世界经济的增长中受益，这有利于维护和平的国际环境，为国内经济的发展创造良好的外部条件，推动和促进国内包容性增长的实现。

二、共赢发展要求实现包容性增长

共赢发展道路是中国特色社会主义道路的重要组成部分,是党中央顺应国际发展的趋势和潮流做出的正确选择,我国坚持走共赢发展道路,就要求实现包容性增长。

第一,我国走共赢发展道路,就要求国际社会要包容中国的发展。自1840年鸦片战争以后,中国逐步衰落,成为帝国主义国家侵略、掠夺的对象,一个独立的国家逐渐沦为了一个半殖民地半封建的国家。鸦片战争以后,我国的发展就一直落后于其他国家,由以前一个强大的国家沦落为一个弱小的国家,国力衰落,人民的生活处于极端贫困之中。在半殖民地半封建的条件下,要实现经济社会的发展是不可能的。1949年新中国的成立,社会主义制度的建立,实现了国家的独立和人民的解放,为今后中国的发展进步奠定了坚实的制度基础。新中国成立的六十多年来,尤其是改革开放三十多年来,我国的经济社会得到了快速发展,逐步缩小了同发达国家的差距,人民群众的生活得到了大幅度的提高,国家的综合实力显著增强。在中国经济社会得到快速发展的情况下,一些国家坐不住了,认为中国的发展威胁到了他们的利益,采取了多种办法来遏制我国的发展,并抛出了"中国威胁论",挑拨我国和周边国家的关系。其实,我国的发展主要是要解决我国国家富强和人民富裕的问题,我国的发展不仅不会危及世界的利益,也不会危及其他国家的利益。相反,我国的发展还会对世界的发展做出贡献,还会带动和促进其他国家的发展。我国走的是一条促进世界各国共同发展的道路,是一条通过自己的发展来带动和促进其他国家发展的道路。我国走共赢发展道路,就要求国际社会要包容中国的发展,要把中国当成伙伴,不要把中国当成敌人。

第二,我国走共赢发展道路,就要求发达国家和我国的发展要相互包容。新中国成立六十多年来,尤其是改革开放三十多年来,虽然我国的经济得到了快速发展,人民群众的生活水平有了极大的改善,综合国力也有了显著的提高,但是,我国仍然是一个发展中国家,虽然我国的GDP在2010年超过日本,成为世界第二大经济体,但我国在经济总量上和美国相比,还有很大的差距,2013年,我国的GDP只有美国的56.7%左右,2013年,我国的GDP为568 845亿元,按2013年末的汇率折算,为9.4万亿美元左右,仅为美国的56.7%左右。我国的人均收入,只有5 400多美元,相当于中等收入国家的水平,发达国家没有必要对我国的发展产生忧虑。而且,我国的发展,不仅不会危害到发达国家的利益,而且会和发达国家在经济上形成互补,促进和推动发达国家经济的发展。我国的发展,是和发达国家在互利合作基础上的一种共赢的发展,发达国家应该包容、支持我国的发展,我国的发展也不应损害发达国家的利益,而应包容发达国家,让它们在中国的发展中受益。

第三,我国走共赢发展道路,就要求发展中国家和我国发展要相互包容。改革开放三十多年的快速发展,虽然使我国人民群众的生活水平有了极大的改善,综合国力有了显著的提高,但是,我国仍然是一个发展中国家。在国际经济发展中,我国和发展中国家有更多相同的利益诉求,也面临更多相同的困难和问题,有更多相同的感受和体验。我国的发展,不仅会为发达国家经济的发展创造条件,同样会为发展中国家的发展创造条件,我国不仅要和发达国家实现共赢发展,同样要和发展中国家实现共赢发展。所以,我国的发展,应包容其他发展中国家的发展,为它们的发展创造更多的机会,带来更多的利益。其他发展中国家也应包容中国的发展,理解中国的发展,支持中国的发展。

第四,我国走共赢发展道路,就要求我国的发展要促进国际经济的发展。我国经过改革开放三十多年的快速发展,经济总量迅速增加,使得我国在国际经济中的地位更加重要,成为了经济总量居世界第二位的经济大国。作为一个经济大国,我国应该在国际经济的发展中做出更大的贡献,要通过自己的发展促进国际经济的发展。2007年,世界金融危机爆发后,世界经济的发展处于低迷中,正是中国经济的持续稳定增长,才给世界经济的复苏带来了一片曙光,并在一定程度上带动了世界经济的复苏,中国成为推动世界经济增长的重要的力量。在新形势下,我国坚持走共赢发展道路,就应使我国更紧密地融入世界经济体系中,既要利用好国际上一切有利于我国发展的因素来加快自己的发展,又要通过自己的发展,为其他国家的发展创造条件,促进国际经济的发展。

第三节　新形势下坚持走共赢发展道路需要处理好的几个重要问题

一、扩大和深化对外开放，使中国真正融入国际社会中

在新形势下，我国既要团结世界上一切有利于我国发展的力量，联合世界上一切有利于我国发展的力量，利用好世界上一切有利于我国发展的因素来加快我国的发展，又要通过我国的发展，为世界经济的发展做贡献，带动和促进世界经济的发展，与世界各国实现共赢发展，因此，我们要进一步扩大和深化对外开放，使中国真正融入国际社会中。进一步扩大和深化对外开放，目前应主要做好六个方面的工作：一是进一步扩大对外经济技术合作。为了适应国际产业转移和国内外市场需求变化，我国将更加注重加强同世界各国的经济技术交流合作，推动经济发展方式转变和经济结构调整，大力发展结构优化、技术先进、清洁安全、附加值高、吸纳就业能力强的现代产业体系，促进产业结构优化升级。继续通过开放市场、引进先进技术提升制造业国际竞争力，推动传统制造业向价值链高端延伸，促进战略性新兴产业加快发展。二是进一步促进对外贸易平衡发展。我国将坚持进口和出口并重，把扩大进口和稳定出口结合起来，把积极扩大进口作为转变外贸发展方式的重要内容，努力促进国际收支基本平衡，不刻意追求贸易顺差。我国将完善进口支持政策，降低进口成本，提高进口便利化。我国将加强同主要顺差来源国的经济合作，通过共同努力逐步解决贸易不平衡问题。三是进一步完善全方位对外开放格局。为了进一步完善全方位对外开放格局，我国将把扩大对外开放和区域协调发展结合起来，协同推动沿海、内陆、沿边开放，形成优势互补、分工协作、均衡协调的区域开放新格局。我国将继续深化沿海地区对外开放，鼓励外商投资企业参与沿海地区技术研发、高端制造、生态功能区建设和现代服务业发展，在更高水平上实现优势互补、合作共进。四是进一步坚持"引进来"和"走出去"并重的方针。"引进来"和"走出去"是我国对外开放的重要内容，也是我国深化对外经贸合作、促进与世界各国共同发展的有效途径。我国将继续扩大各领域的对外开放水平，强化产业政策与外资政策的协调，继续欢迎各国投资者来华投资兴业，鼓励外商在华设立研发中心，利用全球科技智力资源推动国内技术创新。我国将加快实施"走出去"战略，按照市场导向和企业自主决策原则，引导企业有序开展境外投资合作，重视开展有利于不发达国家改善民生和增强自主发展能力的合作，承担社会责任，造福当地人民。五是进一步营造公平透明的市场环境。我国将按照转变职能、理顺关系、优化结构、提高效能的要求，加快建设法治政府和服务型政府，继续开展涉外经济法律法规、规章及政策措施的清理工作，深化行政审批制度改革，减少政府对微观经济活动的干预，健全制约和监督机制，推动政府服务朝着更加规范有序、公正公开的方向发展。我国将加大知识产权执法力度和司法保护力度，健全市场信用体系，完善市场监管体系，加快形成统一开放、竞争有序的全国大市场，为国内外投资者提供良好的经营环境。中国将加强自身投资环境建设，继续优化公共服务和管理，不断完善市场体系，为国内外投资者提供公平、稳定、透明的投资环境。六是进一步推动共同发展。我国将高举和平、发展、合作旗帜，积极参与国际事务，承担力所能及的义务和责任，继续在国际经济体系中发挥建设性作用，同各国一道分享发展机遇、应对各种挑战，使中国发展惠及更多的国家和人民。我国将加强同发展中国家的务实合作、增加对发展中国家的经济援助和人才培训，扩大同发达国家的互利合作，深化同周边国家的睦邻友好合作，扩大同各方利益的会合点，妥善处理经贸摩擦。我国将致力于维护和加强多边贸易体制，继续推动多哈谈判，积极参与全球经济治理机制改革，推动国际经济秩序朝着更加公正合理的方向发展。我国将加快实施自由贸易区战略，推动区域经济一体化更好更快地发展。

二、增强自身发展的能力，夯实共赢发展的基础

在当今国际社会中，霸权主义和强权政治依然存在，国际形势中的不确定因素还很多，局部地区的动荡依然存在，处理不好，就会影响到世界和平发展的大局。从我国目前所处的形势看，虽然国际形势从总体上来看有利于我国的发展，但是，一些对我国经济社会发展的不利因素依然存在。台湾问题不仅对我国经济社会的发展产生不利的影响，处理不好，甚至会危及国内和平的大局。我国和周边的日本、印度及东南亚一些国家还存在领土争端。从世界历史经验来看，领土争端处理起来相当复杂和困难，而且是导致战争的一个重要因素，如果我们不能很好地处理同周边的一些国家领土争端，不仅会影响到国际的和平环境，而且会

对我国的发展产生消极的影响。从国内来看，我国国内还存在一些不稳定的因素，尤其是境外的"三股势力"（宗教极端势力、民族分裂势力和国际暴力恐怖势力）图谋利用民族和宗教问题分裂我国，我国在发展中也还有很多需要解决的问题和困难。上述所有问题的解决，都需要以国家强大的实力作为基础。我们要调动和团结世界上一切有利于我国发展的力量，要利用好世界上一切有利于我国发展的因素来加快自己的发展，同样需要以国家强大的实力作为基础。所以，我们要增强自身发展的能力，夯实共赢发展的基础，才能在国际社会中实现共赢发展。

三、用多种手段和方法，捍卫国家的利益

实现和其他国家的共赢发展，要求我国在实现自己发展的同时，要注意维护其他国家的利益，使其他国家能够在我国的发展中受益。但是，共赢发展不是不要我国自己的利益，不是可以牺牲我国的根本利益去维护其他国家的利益，相反，在对外开放和国际交往中，我们要用多种手段和方法，捍卫国家的利益。从国防上看，强大的国防力量是捍卫国家利益的最有效的手段，一个国家如果没有强大的国防力量作保障，要从根本上捍卫国家利益是不可能的。在国际社会中，政治上的斗争、经济上的斗争都要以强大的国防力量为基础。所以，我国在经济增长的同时，要让经济增长包容国防的建设，建设一支强大的、现代化的人民军队，为有效维护国家的利益奠定坚实的基础。从政治上看，在国际政治交往中，涉及我国领土主权、国家制度、意识形态等方面的问题，要坚持原则，不能有任何妥协。其他不涉及国家根本利益的非原则的问题，可以适当作一些灵活的处理。近年来，我国在处理一些国际纠纷时，如处理和日本在东海、钓鱼岛的争端、处理湄公河中国公民遭到外国武装分子袭击事件等问题上，采取了灵活务实的态度，有效地维护了我国的利益。从经济上看，在经济全球化和贸易自由化的背景下，我们要利用经济、法律、政治、军事手段，有效地维护国家在经济上的利益，尤其是我国在海外的经济利益。在经济增长方式上，要把扩大内需作为拉动我国经济增长的主要动力，减少一些资源型商品的出口，扩大高附加值商品的出口，这是维护我国经济利益的最基本的途径。对于像煤炭、稀土等战略性的资源，必要时可以进行适当的管制，既能有效地维护国家的政治利益、军事利益，也能有效维护国家的经济利益。

四、处理好和发达国家的关系，实现和发达国家的共赢发展

在当前的国际经济中，发达国家所占的份额比较大，而发展中国家占的份额比较小，发达国家在经济方面的话语权也比发展中国家要大。从我国对外开放的实际看，我国主要的资金和技术是来自发达国家，我国出口的主要市场和贸易伙伴也是发达国家，我国引进的一些高技术含量的商品和大型成套设备也是来自发达国家，我国经济和发达国家的经济存在着更多的联系。所以，在国际交往中，我们要处理好和发达国家的关系，实现和发达国家的共赢发展。

处理好和发达国家的关系，在政治上最重要的是要坚持和平共处五项原则，不依附于任何国家，保持政治上的独立性，有效地维护国家的根本利益。在经济上，要顺应世界经济发展的潮流和趋势，在经济发展方面做一些必要的调整。目前，我国在全球分工体系中的地位发生了深刻的变化，一方面劳动密集型产业仍然是我国的比较优势所在，另一方面，新兴产业的竞争力日益增强，我们在全球生产链中占有的环节不断扩展，中国市场日益庞大，并正在成为中国规模经济型产业的优势来源。我国不仅是发展中国家中最大的直接投资东道国，也正在成为世界主要的投资母国之一。这些变化意味着我们在建立和维护对外经贸关系时必须把握新的时代特点，开拓新的思路，积极调整与发达国家之间的经贸关系。我们与发达国家之间的经贸关系，传统上是一种纵向分工关系，这种纵向分工关系互补性比较强，随着产业升级步伐加快，我们在制造业的众多领域，包括装备制造业的优势竞争力日益增强，在全球范围内的竞争有所加强。因此，目前我们与发达国家之间的横向分工关系也有所增强，形成了一种纵横交错、互补与竞争并存的关系。横向经济关系的一个重要特征就是产业内差异化产品增加，我们的企业要提高创新能力，在横向竞争关系中避免同质化竞争。虽然可以通过降低成本，走价格竞争的道路，但更主要的是通过创新和突出产品特色，走差异化竞争道路。

五、加强和发展中国家的联系和交往，实现和发展中国家的共同发展

我国是一个发展中国家，在发展的过程中和其他发展中国家面临着相同的问题和困难，并有相同的利益诉求，我们和广大的发展中经济体在根本利益上是一致的。所以，在国际交往中，我们要加强和发展中国家的联系和交往，实现和发展中国家的共赢发展。

加强和发展中国家的联系和交往，必须从国际政治经济的大势、从国内经济社会发展的大局、从外交工作的大战略和总方针出发，充分认识加强和发展中国家联系和交往的重要性，坚持相互尊重、平等相待，以政促经、政经结合，互利互惠、共同发展，形式多样、注重实效的原则，推动我国和发展中国家的联系和交往。广大发展中国家是我们靠得住的朋友。中国是最大的发展中国家，在同发展中国家交往中，一定要贯彻大小国家一律平等的思想，相互尊重，平等相待。我们同发展中国家有良好的政治关系，要善于把政治上的友好、互信同经济上的合作、交流结合起来，以政促经、政经结合。在开展经济交流与合作时，要坚持互利互惠，共同发展，照顾彼此的利益，通过交流与合作，既支持发展中国家的发展，又促进我们自身的发展。只有互利互惠，相互之间的关系才能稳定和长久。经济合作的形式要多种多样，注重实效，把贸易与投资、援外资金与信贷资金、"走出去"与"请进来"结合起来，提高合作水平和效益。今后一个时期，加强和发展中国家的联系和交往，实现和发展中国家共赢发展，主要需要做好五个方面的工作：一要更好地发挥对外援助的政治效应和经济效应，重点是择优援建与发展中国家人民生活密切相关的标志性项目，提供紧急救灾援助，派遣医疗队，扩大人才培训规模。二要推动更多企业到发展中国家投资合作，利用境外资源，扩大工程承包，拓展国际市场。三要扩大与发展中国家的进出口贸易规模，提升出口产品的档次，积极开展服务贸易，努力解决贸易不平衡问题。四要深化与发展中国家的多边和区域合作，在国际经贸组织和多边机制中努力维护发展中国家的利益。五要充分发挥高层互访和多边会晤的作用。

第六章　中国的包容性发展是科学发展

为了适应新形势对发展的要求，党中央立足我国社会主义初级阶段的基本国情，深入分析了我国发展的阶段性特征，总结我国发展实践，准确把握世界发展趋势，提出了科学发展观。科学发展观是我国经济社会发展的重要指导方针，是发展中国特色社会主义必须长期坚持的重大战略思想。实现经济包容性增长，就要求我国在经济社会发展的各个方面，进一步贯彻落实科学发展观，实现科学发展。

第一节　科学发展是时代对我国发展的必然要求

一、当前我国发展中存在的主要问题

改革开放三十多年来，我们高举中国特色社会主义理论的伟大旗帜，坚定地走建设有中国特色社会主义的道路，取得了举世瞩目的伟大成就。到 2000 年，我国 GDP 完成 89 404 亿元，折合 10 081 亿美元，人均约 850 美元，超过人均 800 美元的目标，实现了现代化建设"三步走"战略的第一步、第二步目标，人民生活总体上达到小康水平。到 2013 年，我国国内生产总值已经达到 568 845 亿元，折合 9.4 万亿美元左右，居世界第二位，综合国力明显增强，人均国民总收入已达到 5 400 美元左右，进入中等收入国家行列。新世纪新阶段，我们的发展目标更加全面，发展任务更加艰巨。经济社会发展的重大阶段性变化，要求我们必须树立和落实科学发展观，实现发展上的新飞跃。

但是，在新的发展阶段，我们也面临着一些突出的矛盾和问题，这些矛盾和问题，主要表现在四个方面：

其一，经济发展与社会发展不平衡。社会发展是包括科技、教育、文化、卫生、体育等社会事业的发展，也包括社会就业、社会保障、社会管理、社会公正、社会秩序等社会和谐的内容。但我国在经济发展的同时，社会没有得到全面发展，社会的发展滞后于经济的发展。教育、卫生改革没有达到预期的目的、社会保障不到位、收入差距过大等问题广泛存在。社会发展的滞后又影响到了经济的可持续发展。

其二，城乡结构失衡。城乡结构失衡表现在各个方面，一是农村的发展远远落后于城市的发展，我国的大部分城市，尤其是大中城市，建设得像欧洲，广大的农村，尤其是西部地区的农村，则像非洲；二是城镇居民和农民人均收入差距巨大，2013年，我国城镇居民家庭人均可支配收入为26 955元，农村居民家庭人均纯收入为8 896元，差距达到了3倍之多；三是城镇居民能够享受到相对完善的社会保障，而农民却基本享受不到社会保障。

其三，地区发展失衡。中国地域广阔，区域较多，但我国区域的发展是不平衡的，东部地区发展快于中部地区，中部地区的发展又快于西部地区，西部地区远远落后于东部地区。2013年，广东的国内生产总值为62 163.97亿元，而西藏的则为802亿元，差距达到77倍；东部广东、江苏、山东、浙江4省的GDP占全国的33%，西南云南、贵州、四川、重庆4省市的GDP只占全国的9%左右，西北新疆、宁夏、青海、甘肃4省区的GDP只占全国的3%左右。2013年，天津的人均GDP为101 688.85元，而贵州的为22 981.60元，差距达到4.4倍。北京、上海、深圳等大城市的人均收入，相当于高收入国家，西部低收入地区的人均收入，相当于低收入国家。地区发展不平衡不仅是经济问题，还是政治问题，我国有56个民族，地区之间存在文化差异，地区长期的发展不平衡，势必影响到我国的稳定。

其四，资源环境与经济增长失衡。我国地域广阔，历来被认为物产丰富，但对资源的过度利用，导致我国出现了资源短缺、环境恶化的问题。目前，我国人均水资源占有量仅占世界平均水平的1/4；人均耕地占有量为世界平均水平的1/3；人均森林占有量仅有世界平均水平的1/6。我国矿产资源已经告急，现在石油储量25亿吨、天然气5.4亿吨，已不足10年需求。环境破坏十分严重，水污染、空气污染比比皆是，形势已非常严峻，不容乐观。

我国粗放型经济增长方式由能够支撑我国快速发展的阶段进入已无力支撑我国进一步发展的阶段。依靠粗放型增长方式我国可以实现"三步走"的第一步、第二步战略目标,但不可能实现第三步战略目标。我国2006年国内生产总值仅占世界总量的5.5%,而我们消耗的能源占世界的15%,其中钢材占30%,水泥占54%。这些数字表明,粗放式的经济增长方式在我国已经没有后续空间,转变经济发展方式,实现科学发展已势在必行。

科学发展不仅是要经济发展,还要社会发展;不仅是城市要发展,农村也要发展;不仅是东部要发展,西部也要发展。同时,还要可持续、协调发展,还要包容发展。

值得我们高度注意的一个数据是,到2003年,我国人均GDP超过了1 000美元。许多国家的发展进程表明,人均国内生产总值突破1 000美元之后,经济社会发展将进入一个关键时期。在这一关键时期,举措得当,就能促进经济快速发展和社会平稳进步;应对失误,则可能导致经济徘徊不前和社会长期动荡。一些拉美国家和东南亚国家就在这个阶段出现过经济停滞甚至社会动荡、政权更迭等。当前,我国面临的既是一个必须紧紧抓住并且可以大有作为的重要战略机遇期,也是一个社会矛盾和问题较为突出的矛盾凸显期。要解决发展中的矛盾和问题,促进经济和社会又好又快地发展,实现全面建成小康社会的奋斗目标,我们别无他途,必须树立和落实科学发展观,实现科学发展。

二、科学发展是时代对我国发展的必然要求

第一,科学发展是和世界发展趋势相一致的发展。

第二次世界大战结束后,依靠武力进行海外殖民扩张的方式被世人抛弃,加快经济增长成为各国的共识,传统的经济发展观开始盛行,当时所讲的发展,仅仅是从经济学的角度去研究社会发展,把经济增长作为社会发展主要目标。这种发展观,强调的是物质生产资料的增长,把经济发展看作经济增长。由于单纯追求经济增长,不重视社会发展和社会公平,忽视能源资源节约和生态环境保护,世界发展遇到了这样那样的问题。有的国家走了一条先发展、后治理的路子,为解决生态环境严重恶化问题付出了高昂的代价;有的国家由于经济结构失衡、社会发展滞后,导致发展质量不高、后劲不足;有的国家则出现了贫富悬殊、失业增加、社会腐败、政治动荡等问题。经济的增长并没有带来社会的全面发展,并没有给广大人民带来更多的实惠,未能实现持续的增长和真正的发展。因为只有经济增长的发展,并不能完全解决人类社会发展过程中的许多问题。在这种情况下,人们开始反思,到底是什么原因造成经济的增长的同时,产生越来越多的社

会问题。世界各国的发展实践表明，发展决不仅仅是经济增长，而应该是经济、政治、文化、社会全面协调发展，应该是人与自然相和谐的可持续发展。从20世纪60年代开始，各个国家逐渐认识到传统的发展观念的缺陷，开始关注发展的科学性问题。1969—1973年间，罗马俱乐部的未来学派提出了"发展＝经济增长＋自然生态"的发展极限论，他们把自然生态纳入整个发展系统中，指出了人类与自然之间的共生关系。20世纪70年代中期，出现了可持续发展的理念，与此同时，对于人的关注在新的发展理念中也逐渐体现出来，产生了"发展＝经济＋自然＋社会＋人"的综合发展观、"以人为中心"的发展观等新的发展思想。

这些新的发展思想，相对于传统发展观，主要实现了三个方面大的转变：一是从以工业化为第一增长目标的经济发展转到提倡社会的综合协调的发展；二是从以物为中心的发展转到以人为中心的发展；三是从不惜以破坏资源、环境、生态为代价追求经济的一时繁荣，转到主张可持续发展。随着各国发展实践的推进，人们对发展的认识不断深化，从单纯追求经济增长到注重社会的全面发展，从提出可持续发展到注重以人为中心的社会全面发展。这样，一个以人的发展为中心，全面、协调、可持续发展的观念在实践中越来越被世界各国所重视、所推崇，并成为世界发展的一个基本趋势。正是顺应这一发展趋势，党中央才提出，我国在发展中要贯彻落实科学发展观，实现科学发展。

第二，科学发展是立足于社会主义初级阶段的基本国情，为实现全面建成小康社会的历史任务而提出的。

贯彻落实科学发展观，实现科学发展，要求立足于我国社会主义初级阶段的基本国情。我国当前最大、最基本的国情，是仍然处于并将长期处于社会主义初级阶段，社会的主要矛盾仍然是人民日益增长的物质文化需要同落后的社会生产之间的矛盾。但是进入新世纪后，我国发展呈现一系列新的阶段性特征，这些特征涵盖了经济、政治、文化、区域发展、人均收入等社会生活的方方面面。贯彻落实科学发展观，实现科学发展，就是要求我们要牢记社会主义初级阶段的基本国情，认清全面建成小康社会、基本实现现代化的长期性和艰巨性，提高想问题、办事情决不能脱离实际的自觉性。

贯彻落实科学发展观，实现科学发展，是为了实现全面建成小康社会的历史任务。党的十六大提出全面建设小康社会的奋斗目标，即经过20年努力，建设一个能够惠及10多亿人口的更高水平的小康社会。提出全面建成小康社会为中华民族展现了新的历史机遇，但全面建成小康社会的目标，是一个很高的要求，经过前三十多年的改革和发展，我们虽然在总体上已经进入了小康社会，但仍是低水平的、不完全的、发展很不平衡的小康社会。比如，到2000年进入小康社会时，我们原定的16项监测指标和小康临界值有三项没有达到：一是农民的人均收入，指标是人均1200元，实际达到1066元；二是人均蛋白质日摄入量，指标是人均75克，实际达到73克；三是建成农村初级卫生保健基本合格县，原定指标是100%，实际上建成80%。这三项未完成的任务，集中反映了一个问题，即城乡差别、地区差别和经济社会发展不协调已经影响到我们现代化建设的全局。要实现全面建成小康社会的奋斗目标，面临如何解决好城乡差别问题、区域发展中的差距问题，以及经济与社会发展不协调等问题。正因为如此，我们党在十六届三中全会上提出了树立和落实科学发展观，实现科学发展，并以此作为实现全面建成小康社会的指导方针。要建设更高水平的小康社会，解决全面建成小康社会中的突出矛盾和问题，就必须贯彻和落实科学发展观，实现科学发展。

第三，科学发展是提高党的执政能力，推进社会全面进步，构建社会主义和谐社会的现实需要。

在新的形势下，错综复杂的国际国内形势对加强党的执政能力提出了新的要求。提高党的执政能力，首要的是提高党领导发展的能力。要在运用科学发展观指导经济社会发展的实践中不断提高党的执政能力和执政水平，通过加强党的执政能力建设推动科学发展观的贯彻落实。按照社会主义现代化建设的要求，不断提高党驾驭社会主义市场经济的能力、发展社会主义民主政治的能力、建设社会主义先进文化的能力、构建社会主义和谐社会的能力、应对国际局势和处理国际事务的能力。

提高党的执政能力，就要求树立和落实科学发展观，实现科学发展。经过三十多年的改革发展，我国经济社会进入了一个关键的发展阶段。这个阶段，从国际环境看，综合国力竞争空前激烈，外部环境日趋复杂多变，而我国经济对外依存度不断提高，世界经济对我国发展的影响明显加深；从国内改革发展形势看，我国体制创新进入攻坚阶段，工业化和城镇化进程加快，经济结构调整加速，农村大量富余劳动力向非农领域转移，人民群众的物质文化需要不断提高并日趋多样化，与此同时，缩小地区发展差距和促进经济社会协调发展的任务也更加艰巨。这是一个既有巨大发展潜力和动力，又有各种困难和风险的发展阶段，是不进则退、无序推进则乱的发展阶段。因此，在这个阶段，党要善于协调经济建设、政治建设、文化建设、社会建设,推进社会全面进步,到2020年,实现全面建成惠及十几亿人口的更高水平的小康社会的奋斗目标,努力形成全体人民各尽其能、各得其所而又和谐相处的局面。党中央在这个时候把提高党的执政能力与实现科学发展联系起来,是为了更好地解决改革发展关键时期遇到的各种问题,全面推进中国特色社会主义事业的发展。

第二节 科学发展需要实现包容性增长

一、科学发展和包容性增长具有一致性

在发展道路上,党中央立足我国社会主义初级阶段的基本国情,深入分析了我国发展的阶段性特征,并顺应时代发展的要求,提出了以人为本,全面、协调、可持续的科学发展观,体现发展为了人民,发展依靠人民,发展成果由人民共享的要求。在建设中国特色社会主义的实践中,科学发展和经济的包容性增长具有一致性,表现在:(1)经济包容性增长和科学发展在目的上是一致的。实现经济的包容性增长,从最终目的上看,是要让绝大多数社会成员公平地分享经济增长的成果,缩小社会成员在社会生活各方面的差距,体现和实现社会的公平正义,在此基础上提高人民群众的生活水平,促进人的全面发展。贯彻和落实科学发展观,实现科学发展,同样强调发展成果要由人民共享,经济发展的根本目的是要体现以人为本的要求,是要在提高人民群众生活水平的基础上,促进和实现人的全面发展,同样强调在发展的过程中,要逐步缩小各方面的差距,促进社会公平正义的实现。所以,经济包容性增长和科学发展在根本目的上,都是要实现人的全面发展。(2)经济包容性增长和科学发展在实现的基础上是一致的。经济的包容性增长首先是一种增长,要实现经济增长成果的公平共享,让经济增长的成果惠及绝大多数社会成员,并使经济的增长能够包容社会的建设,包容环境的改善,包容人民群众生活水平的提高,必须以经济持续稳定增长为基础,从某种意义上看,没有增长就没有包容,包容性增长的基础是经济的持续稳定增长。科学发展不是不要发展,科学发展同样要求首先要发展,只有紧紧抓住和不断推动发展,才能从根本上把握人民群众的愿望,把握社会主义建设的本质和规律,把握我们党执政兴国的关键。发展不仅是我们党执政兴国的第一要务,也是

实现科学发展的基础。经济包容性增长和科学发展都以经济的增长和社会的发展作为实现的基础。(3) 经济的包容性增长和科学发展在实现的途径上具有一致性。贯彻落实科学发展观,实现科学发展,有很多途径和方法。比如,通过转变经济增长方式,促进资源的节约和环境的保护来实现科学发展;通过加快社会建设,使经济建设、社会建设相协调来实现科学发展;通过政策的调整,重点提高低收入者的收入水平,缩小社会成员的收入差距实现科学发展;通过加快中西部地区的发展,缩小区域发展的差距来实现科学发展;等等。但是,最基本的途径就是通过科学技术的进步和劳动者素质的提高来实现科学发展。要实现经济的包容性增长,也有很多途径和办法,如通过调整分配政策,提高中低收入者的收入水平,让经济增长的成果更多地包容社会的弱势群体;通过积极推进城镇化和进行社会主义新农村建设等途径,让城市的发展更好地包容农村的发展;通过西部大开发的实施,加快中西部地区的发展,让发达地区的发展更好地包容落后地区的发展;等等。但是,任何措施、办法和途径都要建立在经济增长的基础之上,而促进经济增长也需要通过科学技术的进步和劳动者素质的提高来实现。所以,共赢发展和经济的包容性增长在实现的途径上是一致的。(4) 科学发展和经济包容性增长是相互协调和相互促进的。科学发展和经济包容性增长在目的、实现基础和实现途径上的一致性,决定了科学发展和经济包容性增长是相互协调和相互促进的。贯彻落实科学发展观,实现科学发展,可以提高经济增长的质量和效益,可以解决或者缓解我国经济社会发展中的一系列问题,可以切实提高人民群众的生活水平,为经济包容性增长的实现奠定好基础;实现经济的包容性增长,可以让经济增长的成果更多地包容社会的弱势群体,让绝大多数社会成员共享经济增长的成果,缩小社会成员收入上的差距,可以让城市的发展更好地包容农村的发展,缩小城乡差距,促进城乡的均衡发展,可以让东部地区的发展更好地包容西部地区的发展,缩小区域经济发展的差距,促进区域经济的共同发展。

二、科学发展要求实现包容性增长

科学发展是新形势下我国实现全面建成小康社会奋斗目标的必然选择,是在 21 世纪中叶实现中华民族伟大复兴的必然选择,是中国特色社会主义道路的重要组成部分。在经济社会发展中,坚持科学发展,就要求实现包容性增长。

第一,实现科学发展观以人为本的要求,就要求经济实现包容性增长。贯彻落实科学发展观,实现科学发展,其核心是以人为本。以人为本,就是以最广大人民群众的根本利益为本，坚持以人为本，就是要始终以实现好、维护好、发展好最广大人民群众的根本利益为党和国家一切工作的出发点和落脚点，尊重人民群众的主体地位，发挥人民群众的首创精神，保证人民群众的各项权益，走共同富裕的道路，促进人的全面发展，切实做到发展为了人民、发展依靠人民、发展成果由人民共享。要实现科学发展观以人为本的要求，就要求经济实现包容性增长，因为：（1）只有实现经济的包容性增长，才能让经济增长的成果包容到绝大多数社会成员，尤其是更多地包容到社会的弱势群体，让绝大多数社会成员公平地共享经济发展的成果。只有这样，才能在经济增长的基础上，提高人民群众的生活水平，促进和实现人的全面发展，体现以人为本的要求。（2）只有实现经济的包容性增长，才能使经济的增长包容环境的改善，建设环境友好型社会，在经济增长的基础上，营造一个优美的自然环境，实现人与自然的和谐发展，为促进和实现人的全面发展提供良好的自然环境。（3）只有实现经济的包容性增长，让经济增长的成果包容社会生活的各个方面，才能解决或者缓解一些社会矛盾和问题，推动和促进社会主义和谐社会建设，实现人与社会的和谐发展，为促进和实现人的全面发展提供良好的社会环境。

第二，实现科学发展观全面发展的要求，就要求经济实现包容性增长。科学发展应该是一种全面的发展。全面发展，是指各个方面都能够得到发展。只有实现了全面的发展，才能体现发展的科学性。要实现全面发展的要求，就要求经济实现包容性增长，因为：（1）只有实现经济的包容性增长，才能让经济的增长包容社会的发展。我国目前发展中的一个突出问题就是社会的发展滞后于经济的增长，教育、卫生、文化、社会保障等社会事业发展滞后，影响了民生的改善和人民群众生活水平的提高。社会发展滞后的一个重要原因，就是经济增长没有很好地包容社会的发展。只有实现经济的包容性增长，让经济的增长更好地包容社会的发展，才能在经济增长的基础上，加快以改善民生为重点的社会建设，才能既切实提高人民群众的生活水平，又促进全面发展的实现。（2）只有实现经济的包容性增长，才能让经济的增长包容精神文明的建设。中国改革开放三十多年来，在经济快速发展、人民群众生活水平大幅度提高的同时，人民群众的思想道德素质并没有得到同步的提高，精神文明建设滞后于物质文明的建设，既影响了社会的全面发展的实现，又影响了人的全面发展的实现。精神文明建设滞后的一个重要原因，是经济增长没有很好地包容精神文明建设。只有实现经济的包容性增长，让经济的增长包容精神文明建设，让人民群众的思想道德素质和物质生活水平得到同步的提高，才能既促进人的全面发展的实现，又促进社会的全面发展的实现。（3）只有实现经济的包容性增长，才能让经济的增长包容民主政治的发展。我国目前发展中的另一个突出问题是民主政治的发展滞后于经济的增长。民主政治发展的滞后，既影响到了人民群众积极性、主动性、创造性的发挥，又影响了经济持续、健康的增长。民主政治发展滞后的原因，同样是经济的增长没有很好地包容民主政治的建设。只有实现经济的包容性增长，让经济的增长包容民主政治的建设，才能够使经济建设和民主政治建设同步推进，促进社会的全面发展。

第三，实现科学发展观协调发展的要求，就要求经济实现包容性增长。科学发展应该是协调的发展。协调发展，是指各个发展的方面要相互适应，只有实现了协调的发展，才能体现发展的科学性。要实现协调发展的要求，就要求经济实现包容性增长，因为：（1）只有实现经济的包容性增长，才能使经济的增长包容到社会生活的其他方面，实现经济建设和社会建设、文化建设、民主政治建设的协调发展。我国目前经济社会发展中的一个突出问题是发展不协调的问题，社会建设、文化建设、民主政治建设都滞后于经济建设，这不仅影响到社会全面进步的实现，也影响到经济的持续稳定增长。经济社会发展不协调的原因，是经济增长没有很好地包容社会建设、文化建设、民主政治建设。只有实现经济的包容性增长，才能在经济增长的基础上，加快社会建设、文化建设和民主政治建设，使经济建设和社会建设、文化建设、民主政治建设能够协调发展。（2）只有实现经济的包容性增长，才能使经济增长和环境改善协调发展。改革开放三十多年来，我国在经济快速增长的同时，生态环境不仅没有得到相应的改善，相反，在经济增长的同时，生态环境出现了危机。经济增长没有包容到生态环境的改善，使经济增长和生态环境的改善出现了不协调的问题。实现经济的包容性增长，让经济的增长很好地包容生态环境的改善，在经济增长的同时，加强环境保护和生态建设，才能实现经济建设和生态环境改善的协调发展。（3）只有实现经济的包容性增长，才能使城乡之间、区域经济之间协调发展。目前我国经济社会发展中存在城乡发展、区域经济发展不协调的问题，农村的发展滞后于城市的发展，西部地区的发展滞后于东部地区的发展。这表明，城市的发展没有能够很好地包容到农村的发展，东部地区的发展没有能够很好地包容西部地区的发展。实现经济的包容性增长，使城市的发展能够很好地包容到农村的发展，使东部地区的发展能够很好地包容到西部地区的发展，这样，就能够促进城乡之间、区域经济之间的协调发展。

第四，实现科学发展观可持续发展的要求，就要求经济实现包容性增长。科学发展应该是一种可持续的发展。可持续发展，是指发展进程要有持久性、连续性，只有实现了可持续发展，才能体现发展的科学性，实现科学发展。要实现可持续发展的要求，就要求经济实现包容性增长，因为：（1）只有实现经济的包容性增长，才能促进资源的节约利用和生态环境的改善，为可持续发展奠定资源和环境的基础。经济社会的发展，需要有资源和环境的支撑，没有资源和环境的支撑，经济上是很难实现可持续发展的。这就要求我们要在经济增长的基础上，使经济增长和资源的节约利用、生态环境的改善相互包容，在经济增长的同时，注意资源的节约利用，注意生态环境的改善。这样，就能够为可持续发展奠定资源和环境的基础。（2）只有实现经济的包容性增长，才能真正促进内需的增长，实现经济的可持续发展。投资、消费和出口是拉动经济增长的"三驾马车"，但从根本上说，经济增长只有建立在主要依靠内需上，才是可持续的。实现经济的包容性增长，让绝大多数社会成员能够公平地分享经济增长的成果，使人民群众的生活水平能够得到切实的提高，这对于扩大内需，促进经济的持续发展具有重要的作用。

第三节　新形势下坚持走科学发展道路需要处理好的几个重要问题

一、加快以改善民生为重点的社会建设，让绝大多数社会成员共享经济增长成果

要贯彻落实科学发展观，实现科学发展，必须体现以人为本的基本要求，把切实提高人民群众的生活水平，促进人的全面发展作为发展的最终目标，做到发展为了人民、发展依靠人民、发展成果由人民共享。要实现这一目标，从当前来看，就要加快以改善民生为重点的社会建设，让绝大多数社会成员共享经济增长成果。

社会建设与人民群众的幸福安康息息相关，社会建设作为中国特色社会主义事业总体布局的重要组成部分，涉及面广、内容丰富。社会建设的基本要求是：

积极解决好教育、就业、收入分配、社会保障、医疗卫生、社会管理等直接关系人民群众根本利益和现实利益的问题，努力使全体人民学有所教、劳有所得、病有所医、老有所养、住有所居，推动和谐社会建设。当前，社会建设主要应抓好以下六个方面的工作：

第一，优先发展教育，建设人力资源强国。教育是民族振兴的基石，教育公平是社会公平的基础，发展教育也是把我国巨大的人口压力转化为人力资源优势的根本途径。必须把教育放在优先发展的战略位置，办好人民满意的教育。我国当前的教育改革和发展，一是要全面贯彻党的教育方针，坚持育人为本、德育为先，培养德智体美劳全面发展的社会主义建设者和接班人；二是要优化教育结构，坚持按照教育发展规律和经济社会发展的需要，优化教育资源配置，促进义务教育均衡发展，加快普及高中阶段教育，大力发展职业教育，提高高等教育质量，重视学前教育，关心特殊教育，形成各级各类教育全面协调可持续发展的良好格局；三是要推进教育改革创新，着眼于构建现代国民教育体系，提高学生的综合素质，大力实施素质教育；四是要坚持教育公益性质。教育是关系社会公共利益，对全体国民、对国家和民族的现在和未来具有重大影响的公共事业，政府负有义不容辞的重要责任，必须加大财政对教育投入，规范教育收费，健全公共财政投入和保障机制，为全体国民提供接受良好教育的机会和条件。

第二，实施扩大就业的发展战略，促进以创业带动就业。就业是民生之本，是保障和改善人民生活的重要条件。我国劳动力资源十分丰富，这是促进经济持续较快发展的有利条件。同时，扩大就业的压力很大，就业形势严峻将是我国今后较长时期面临的一个重大问题。因此，必须把扩大就业放在经济社会发展的突出位置。要实施积极的就业政策，坚持劳动者自主择业、市场调节就业、政府促进就业，多渠道扩大就业。

第三，深化收入分配制度改革，增加城乡居民收入。合理的收入分配制度是保障人民生活和促进社会公平的重要方面。改革开放以来，我国收入分配制度改革不断深化，打破了平均主义、"大锅饭"制度，形成了按劳分配为主体、多种分配方式并存的分配制度，有力地促进了经济社会发展，同时也出现了城乡、地区、行业和部分居民之间收入差距持续拉大的现象。必须深化收入分配制度改革，调整国民收入分配结构，整顿和规范分配秩序，加快形成合理有序的收入分配格局。

第四，加快建立覆盖城乡居民的社会保障体系，保障人民基本生活。健全的社会保障体系，历来被称为人民生活的"安全网"、社会运行的"稳定器"和收入分配的"调节器"。改革开放以来，特别是近年来，我国社会保障体系建设取得了重要进展，但总体来看还不够完善，存在着覆盖面小、保障水平低、制度不健全等问题。在新的形势下，必须加快完善社会保障体系。总的要求是：坚持广覆盖、保基本、多层次、可持续的指导方针，以社会保险、社会救助、社会福利为基础，以基本养老、基本医疗、最低生活保障制度为重点，以慈善事业、商业保险为补充，加快构筑合理、健全和覆盖城乡全体居民的社会保障体系。

第五，建立基本医疗卫生制度，提高全民健康水平。健康是国民素质的重要体现，是人全面发展的基础，医疗卫生事业关系千家万户的幸福安康。多年来，我国医疗卫生事业取得了显著成就，但与人民群众对医疗卫生的需求仍然差距较大，存在着看病难、看病贵的问题。大力发展医疗卫生服务，是广大人民群众的迫切愿望。要加快建立基本医疗卫生制度，实现人人享有基本医疗服务的目标。总的原则和要求是：坚持公共医疗卫生的公益性质，坚持预防为主、以农村为重点、中西医并重，实行政事分开、管办分开、医药分开、营利性和非营利性分开，强化政府责任和投入，完善国民健康政策，鼓励社会参与，建设覆盖城乡居民的公共卫生体系、医疗服务体系、医疗保障体系、药品供应保障体系，为群众提供安全、有效、方便、价廉的医疗卫生服务。

第六，完善社会管理，维护社会安定团结。社会稳定、安居乐业，是全体人民的共同心愿，也是推进现代化事业的重要前提和保障。随着改革开放不断深入和社会主义市场经济不断发展，我国的经济体制、社会结构、利益格局和人们的思想观念发生了深刻变化。这种空前的社会变革，给我国经济社会发展带来巨大活力，同时也必然带来这样那样的矛盾和问题，增加了社会管理的难度和复杂性，必须把完善社会管理作为改善民生和促进社会和谐的重要任务。

二、加强资源的节约利用和环境保护，实现人与自然的和谐发展

节约资源和保护环境是我国的基本国策，关系到人民群众的切身利益和中华民族的生存发展，必须把加强资源的节约利用和环境保护，建设资源节约型、环境友好型社会放在经济生活发展的重要位置，采取切实有效的方法，加快建立资源节约型、环境友好型社会。

建设资源节约型、环境友好型社会，必须处理好经济建设、人口增长与资源利用、生态环境保护的关系，要充分考虑人口的承载力、资源支撑力、生态环境

承受力，正确处理经济发展与人口、资源、环境的关系，统筹考虑当前发展和长远发展的需要，不断提高发展的质量和效益，走生产发展、生活富裕、生态良好的文明发展道路。为此必须转变发展的传统观念，从重经济增长轻环境保护转变为保护环境与经济增长并重，在保护环境中求发展；从环境保护滞后于经济发展转变为环境保护和经济增长同步，改变先污染后治理、边治理边破坏的状况；从主要用行政方法保护环境转变为综合运用法律、经济、技术和必要的行政方法解决环境问题。

保护生态环境，关系到广大人民的切身利益，关系到中华民族的长远发展。必须充分认识保护生态环境的重要性、艰巨性、长期性，坚持保护环境的基本国策，加大保护生态环境的力度，更加科学地利用自然为人们的生活和经济社会发展服务，坚决禁止掠夺自然、破坏环境的做法，加快推进节能减排，加快污染治理，加快建立资源节约型技术体系和生产体系，加快实施生态工程。把我们的国家建设成为经济繁荣、环境优美、生态良好的美好家园，既是全国人民的共同愿望，也是每个公民义不容辞的责任。要在全社会营造建设资源节约型、环境友好型社会的良好氛围，形成爱护生态环境、保护生态环境的良好风尚，推动整个社会走上生产发展、生活富裕、生态良好的文明发展道路。

三、转变经济增长方式，提高可持续发展的能力

改革开放以来，我国经济持续快速增长，综合国力明显增强，人民生活水平得到了大幅度的提高，中国特色社会主义建设取得了举世公认的成绩。但是，在看到成绩的同时，我们也应该看到，我国经济增长的方式是比较粗放的，实现经济增长付出了过大的代价。近年来，随着我国经济增长速度的加快，增长方式粗放的问题更加突出，资源环境面临的压力越来越大。经济增长的粗放，不仅影响到目前经济的健康发展，更为重要的是将严重制约我国长期的持续发展和全面建成小康社会奋斗目标的实现。因此，贯彻落实科学发展观，实现科学发展，必须转变经济增长方式，提高可持续发展的能力。

转变经济发展方式，在发展理念上要正确处理快与好的关系，不仅要继续保持国民经济的快速发展，而且要更加注重推进经济结构战略性调整，努力提高经济发展的质量和效益。改革开放初期，我国经济总量小，社会物资匮乏。为了尽快改变这种局面，在推动经济发展时，我们自觉不自觉地把速度看得更重，更多地追求总量的增长。现在，我国经济总量已跃至世界第二，供求关系由长期短缺

转变为一定程度的相对富裕，人民生活由刚刚解决温饱向全面小康迈进。在解决了这些紧迫问题、具备了一定的物质基础后，我们不仅要继续保持发展得快，更要注重发展得好。与转变经济增长方式相比，转变经济发展方式不仅要继续保持量的增长，而且更要注重质的提升，坚持好字当头，好中求快，努力实现速度、质量、效益相协调，消费、投资、出口相协调，人口、资源、环境相协调，真正做到又好又快发展。

转变经济发展方式，在发展道路上要根本改变依靠高投入、高消耗、高污染来支持经济增长，坚持走科技含量高、经济效益好、资源消耗低、环境污染少、人力资源优势得到充分发挥的中国特色新型工业化道路，实现可持续发展。目前，我国已成为世界上煤炭、钢铁、铁矿石、氧化铝、铜、水泥消耗最大的国家，是世界上能源消耗的第二大国。如果说以往缓解能源资源矛盾还有较大回旋空间，发展到今天，由于资源环境的承载能力负担过重，一些地区已经到了难以为继的地步。同时，随着地球环境变化，为保护全球气候和地球家园，我们也必须为此做出贡献。因此，不管是从可利用的能源资源看，还是从保护环境看，都必须加快转变经济发展方式。

转变经济发展方式，在发展的国际环境上要主动适应经济全球化趋势，拓展对外开放广度和深度，提高开放型经济水平，提高经济整体素质和国际竞争力。随着经济全球化的深入发展，全球经济加快重组和国际产业加快转移，国际产业结构调整呈现高技术化、服务化、生态化的特征。一国高技术产业、现代服务业的发展水平以及生态环境的优劣，直接决定着这个国家在国际产业链中的分工地位和国际竞争力。我国还是发展中国家，经济发展整体上还处在"要素驱动型"而不是"创新驱动型"阶段，资源消耗过大，劳动力成本低，科技贡献率低，加工贸易占主导地位，服务贸易发展滞后，都表明我国国民经济的整体素质还有待进一步提高。不转变这种发展方式，我们就不能从根本上提升国民经济的整体素质，就会直接影响经济的国际竞争力。我们必须进一步扩大对外开放，形成经济全球化条件下参与国际经济合作和竞争新优势。

第七章　中国的包容性发展是可持续发展

随着我国经济的快速发展和经济总量的增加，可持续发展的问题已经摆在了我们的面前。不解决好经济社会的可持续发展问题，我们就不能实现全面建成小康社会的奋斗目标，就不能实现中华民族伟大复兴"中国梦"的战略目标。适应经济社会发展的新要求，党中央提出了可持续发展的战略。实现经济的包容性增长，就要求我们要坚持可持续发展的战略，实现经济社会的可持续发展。

第一节　可持续发展是时代对我国发展的必然要求

一、可持续发展是符合我国国情的发展道路

可持续发展是科学发展观的基本要求之一，可持续发展是既满足当代人的需求，又不对后代人满足其需求的能力构成危害的发展。可持续发展要求既要实现经济的增长，又要注意环境的保护和资源的节约；既要关注当前的发展，也要关注未来的发展；既要实现经济的发展，也要注意社会的发展；促进人与自然的和谐，实现经济发展和人口、资源、环境相协调，坚持走生产发展、生活富裕、生态良好的文明发展道路，保证一代接一代地永续发展。可持续发展是符合我国国情的发展道路。

第一，我国人口和资源的基本国情决定了我国必须走可持续发展的道路。我国的基本国情，从人口方面看，就是人口众多。根据国家统计局公布的第六次人口普查的数据，到 2010 年 11 月 1 日止，我国总人口（包括 31 个省、自治区、直辖市和中国人民解放军现役军人，以及香港、澳门特别行政区和台湾省人数）

为1 370 536 875人，是世界上人口最多的国家。我国人口不仅数量巨大，而且人口总的素质不高，存在人口素质与社会经济发展不相适应的问题。据相关数据显示，到2010年，我国主要劳动年龄人口受过高等教育的比例约为12%，高级技工水平以上的高技能人才占技能劳动者的比例约为25%。目前社会上存在的一部分企业很难找到熟练的技术工人，而相当一部分人员又很难找到合适的工作的问题，就是我国人口素质与社会经济发展不相适应的基本表现。从自然资源上看，我国虽然从总体上称得上是一个资源丰富的国家，但我国又是世界上人口最多的发展中国家，无论哪种能源、资源，人均拥有量都非常低。我国的耕地、草原、森林等资源的总量都位居世界前列，但是人均拥有量却分别只有世界平均水平的2/5、1/3、1/4、1/8。我国的许多矿产资源和可开发的能源总量都名列世界前茅，还有很多在总量上是世界第一，但相当多的资源的人均占有量都低于世界平均水平，目前我国人均石油占有量仅为世界平均水平的1/10左右。我国人口和资源的基本国情决定了我们在发展中不能急功近利，只关注目前的发展，而应该从基本的国情出发，关注长远的发展，走可持续发展的道路。

第二，中国特色社会主义建设的长期性和艰巨性决定了我国必须走可持续发展的道路。1949年新中国的成立，开启了中华民族历史发展的新篇章；1956年，社会主义制度在我国的最终确立，为中国特色社会主义建设奠定了坚实的制度基础；1978年12月召开的十一届三中全会，拉开了改革开放的序幕，开始了中国特色社会主义建设的伟大事业。在中国这样一个经济文化落后、人口众多的国家进行社会主义建设，找到符合我国国情的发展道路，在此基础上，经过全国人民的努力奋斗，实现中华民族伟大复兴的历史任务，使中华民族能够屹立于世界民族之林，使中国成为世界上最强大的国家，使中国人民过上幸福美满的生活，是一个十分艰巨的任务。可以说，中国特色社会主义建设，充满了艰巨性和复杂性，既没有现成的经验和道路可循，又要面临很多十分复杂的困难，要解决许多复杂的问题，有的问题是其他任何国家在发展中都没有遇到的问题。中国特色社会主义建设的艰巨性和复杂性，决定了中国特色社会主义建设是一个长期的过程。要实现中国特色社会主义建设的目标和任务，需要经过几代人长期艰苦的奋斗和努力。中国特色社会主义建设的长期性决定了我们在发展中仅仅依靠一段时间的发展是不行，必须立足于长远的发展。这就要求我们在发展中，不但要关注目前的发展，还要关注长远的发展，坚持可持续发展的战略，走可持续发展的道路。

第三,社会主义初级阶段生产力发展的实际决定了我国必须走可持续发展的道路。我国当前最基本的国情就是我国仍然处在并将长期处在社会主义初级阶段,社会主义初级阶段最基本的特征就是生产力发展水平低,发展不平衡。社会主义初级阶段对我国来说是一个长期的历史过程,从1956年生产资料私有制的社会主义改造基本完成算起,到21世纪中叶基本实现现代化,至少需要一百年的时间。社会主义初级阶段的长期性,从根本上说是由我国进入社会主义的历史条件和建成社会主义所需要的物质基础决定的。近代中国特殊的历史条件,决定了我国只能从半殖民地半封建的旧中国,经过新民主主义社会走向社会主义社会。但是,在我国进入社会主义以后,要改变生产力发展水平落后的基本状况,完善社会主义的生产关系和上层建筑,基本实现现代化,是一个长期的历史任务。历史使我们超越了资本主义充分发展并占主要地位的历史阶段,但是,生产力和商品经济的充分发展却是无法逾越的。我们必须在社会主义条件下用一个很长的历史阶段,去实现别的国家在资本主义条件下实现的工业化和经济的市场化、社会化、现代化的任务,去建立社会主义应有的发达的生产力基础。经过六十多年的社会主义建设,尤其是改革开放三十多年的快速发展,我国的生产力水平有了明显提高,人民群众的生活水平有了很大的提高,总体上达到了小康水平。但总的来看,我国的生产力和科技、教育还比较落后,实现工业化和现代化还有很长的路要走,在经济社会发展的诸多方面存在的许多问题也不是短时期内可以解决的。即使在实现了全面建成小康社会的奋斗目标之后,我们仍然要继续完成社会主义初级阶段的历史任务,至于进一步巩固和发展社会主义,则需要更长的时间。社会主义初级阶段生产力发展的实际决定了我国的发展是一种长远的可持续的发展,也就决定了我们必须坚持可持续发展的战略,走可持续发展的道路。

二、可持续发展是新形势下我国发展的必然选择

发展是贯穿于改革开放和全面建设小康社会进程中的主题,但发展必须是科学的、可持续的发展。科学发展观强调的可持续发展,是我们党对社会主义现代化建设指导思想的新发展,可持续发展战略是我们在经济社会发展中必须长期坚持的基本方针。可持续发展是新形势下我国发展的必然选择。

第一,贯彻落实科学发展观,实现科学发展,在21世纪中叶实现中华民族的伟大复兴,需要可持续发展。经过改革开放三十多年的发展,我国的经济实力

和综合国力得到了显著的提高。到 2013 年，我国的国内生产总值已达到 568 845 亿元，仅次于美国，居世界第 2 位。主要工农业产品产量、对外贸易总额均名列世界前茅。人民军队的现代化建设扎实推进，中国人民解放军已成为一支保卫祖国、维护世界和平的坚强力量。可以说，改革开放的三十年，我们在中华民族伟大复兴的道路上走出了一段坚实的路程。但是，我国在经济社会的发展中还面临诸多的矛盾，存在着一系列的问题。我国的经济总量虽然已居世界第二位，但人均国内生产总值仍排在世界第 89 位，人民的生活水平还有待进一步提高，我国仍然还是一个发展中的国家。我国经济增长的速度比较快，但经济增长的质量还有待提高，我国在资源、环境等方面和城市化进程中，也还存在需要解决的问题。可以说，我们离在 21 世纪中叶实现中华民族伟大复兴"中国梦"的历史任务还有相当大的差距，还需要走很长的一段路。这一个差距要求我们在中国特色社会主义的建设中，要贯彻可持续发展的战略，保持经济社会在一个相当长的时期内的持续稳定快速发展。只有这样，我国才能不断克服和解决前进中的困难和问题，才能不断增强综合国力，缩小同发达国家的差距，真正实现中华民族的伟大复兴的"中国梦"。

第二，要实现科学发展，在 21 世纪头二十年实现全面建设小康社会的奋斗目标，需要可持续发展。改革开放三十多年，在经济发展的基础上，人民生活水平得到了大幅度的提高，在解决温饱的基础上，在 21 世纪初基本实现了小康的奋斗目标，开始了全面建成小康社会的进程。全面建成小康社会，涉及社会生活的方方面面，既具有经济上的指标，也有文化上、政治上的指标。全面小康社会建成时的中国，将成为工业化基本实现、综合国力显著增强、国内市场总体规模位居世界前列的国家；成为人民富裕程度普遍提高、生活质量明显改善、生态环境良好的国家；成为人民享有更加充分民主权利、具有更高文明素质和精神追求的国家；成为各方面制度更加完善、社会更加充满活力而又安定团结的国家；成为对外更加开放、更加具有亲和力、为人类文明做出更大贡献的国家。这一个目标的完成，需要经济的持续稳定增长。没有经济的持续稳定增长，全面建成小康社会的目标就会落空，要在 21 世纪头二十年实现全面建成小康社会的奋斗目标，必须贯彻可持续发展战略，促进和推动经济社会的可持续发展。

第三，要实现科学发展，建立资源节约型和环境友好型社会，需要可持续发展。科学发展观要求在发展的过程中，要注意资源的节约和环境的保护，建立资源节约型和环境友好型社会。这样，我们才能真正享受到发展带来的成果，才能在发展的基础上提高人民群众的生活水平,改善人民群众的生活环境,切实做到让人民群众共享改革发展的成果。建立资源节约型和环境友好型社会,和可持续发展的基本要求是一致的。如果我们在发展中,注意到了发展的可持续性,就会在发展中注意资源的节约,因为,资源是有限的,很多资源又是不可再生的,即使能够再生,也需要很长的时间,只有注意资源的节约,才能为可持续发展提供资源的支撑。在发展中,注意到了发展的可持续性,也就会自觉地保护环境,维护生态的平衡,因为,环境遭到了污染,生态受到了平衡,发展就失去了环境和生态的支撑,就不可能持续稳定地发展。所以,要实现科学发展,建立资源节约型和环境友好型社会,必然要求可持续发展。

第四,要解决我国当前经济社会发展中的主要问题,需要坚持可持续发展的战略。改革开放以来,我国经济社会发展取得了巨大的成就,但我们也必须清醒地看到,当前经济社会发展中还存在诸多的问题和困难,其中,主要的问题有三个:一是资源环境对经济社会发展的约束;二是人口素质对经济社会发展的约束;三是科学技术对经济社会发展的约束。这三个问题实际上都涉及发展的持续性问题,要解决资源环境对经济社会发展的约束,需要贯彻节约资源和保护环境的基本国策,坚持可持续发展的战略,走可持续发展的道路。要解决人口素质对经济社会发展的约束、解决科学技术对经济社会发展的约束,同样需要坚持可持续发展的战略,走可持续发展的道路。

第二节 可持续发展需要实现包容性增长

一、可持续发展和包容性增长具有一致性

从我国目前的基本国情和长远发展目标的实现的要求出发,我们提出要坚持可持续发展战略,走可持续发展的道路,确保中华民族伟大复兴"中国梦"战略目标的实现。在经济增长上,提出了要实现经济的包容性增长,让经济增长的成果公平地惠及全体社会成员。可持续发展和经济的包容性增长在内容和方式上具有一致性,表现在:(1)可持续发展和经济包容性增长在目标上是一致的。实现经济的包容性增长,从最终目的上看,是要让绝大多数社会成员公平地分享经济增长的成果,缩小社会成员在社会生活各方面的差距,体现和实现社会的公

平正义，在此基础上提高人民群众的生活水平，促进人的全面发展。可持续发展从最终目的上看，是要通过长期持续稳定的发展，在提高经济增长的质量和效益的基础上，有效地增加社会的物质财富，为增强国家的综合实力和提高人民群众的生活水平奠定雄厚的物质基础；是要使经济增长建立在依靠科学技术的进步和劳动者素质的提高的基础上，为今后的发展留下宝贵的自然资源；是要在经济增长的同时加强环境保护工作，有效地减少经济增长对环境的污染，对生态的破坏，建设生态良好、环境优美、人与自然和谐相处的社会，为切实提高人民群众的生活水平，促进和实现人的全面发展提供良好的自然环境。归根到底，可持续发展的目的仍然是要提高人民群众的生活水平，仍然是要促进人的全面发展的实现。所以，经济包容性增长和可持续发展在根本目的上是一致的。（2）可持续发展和经济包容性增长在实现的基本途径上是一致的。要贯彻落实科学发展观，坚持可持续发展战略、实现可持续发展，就需要通过各种途径和办法，促进经济社会持续、稳定、健康地发展，促进经济增长和环境保护、生态改善和资源节约的协调推进，提高经济增长的质量和效益。在我国，促进经济社会发展，促进经济增长和环境保护、生态改善和资源节约的协调推进，提高经济增长的质量和效益的途径很多，如通过发展对外贸易来实现经济的增长；通过增加投资来实现经济的增长；通过扩大国内消费来拉动经济的增长；通过发展科学技术来促进环境的保护、生态的改善和资源的节约，实现经济的增长；等等。但是，最基本的途径就是通过科学技术的进步和劳动者素质的提高来实现经济的可持续发展。要实现经济的包容性增长，也有很多途径和办法，如通过调整分配政策，提高中低收入者的收入水平，让经济增长的成果更多地包容到社会的弱势群体；通过积极推进城镇化和进行社会主义新农村建设等途径，让城市的发展更好地包容农村的发展；通过西部大开发的实施，加快中西部地区的发展，让发达地区的发展更好地包容落后地区的发展；等等。但是，任何措施、办法和途径都要建立在经济增长的基础之上，而促进经济增长的基本途径也是通过科学技术的进步和劳动者素质的提高来实现经济的增长，从而促进包容性增长的实现。所以，可持续发展和经济的包容性增长在实现的途径上是一致的。（3）可持续发展和经济包容性增长在实现的基础上是一致的。经济的包容性增长首先是一种增长，要实现经济增长成果的公平共享，让经济增长的成果惠及绝大多数社会成员，以及使经济的增长能够包容社会的建设，包容环境的改善，包容人民群众生活水平的提高，都需要以经济持续稳定增长为基础。从某种意义上说，没有增长就没有包容，包容性增长的基础是经济的持续稳定增长。可持续发展从本质上讲仍然是一种发展,没有发展,就谈不上可持续,没有发展,就没有资源的节约和生态环境的改善。从资源节约的角度看,经济社会得不到发展,资源就不可能得到有效的利用,大量的自然资源就会沉睡地下,无法造福于社会和人民,这实际上是对资源最大的浪费。从环境保护的角度看,环境保护成绩不仅需要技术的支撑,也需要物质财富的支撑。目前我国环境保护成绩不理想的一个重要原因就是环境保护的投入不足,说到底是缺乏必要的物质支撑。只有通过发展创造了丰富的物质财富,才能为环境保护提供充足的物质保障。从生态改善的角度看,生态的改善,同样需要有一定的物质保障。没有充足的粮食,退耕还林、退田还湖就难以落实;没有充足的资金,植树造林、绿化荒山也难以实施;没有充足的资金,沙漠的治理、沙化土地的改造也会落空。所以,可持续发展同样是以经济的持续稳定增长为基础的。可见,可持续发展和经济包容性增长在实现的基础上是一致的,都以经济的持续稳定增长为实现的基础。(4)可持续发展和经济包容性增长是相互协调和相互促进的。可持续发展,主要是强调我国在经济社会发展的同时,要注意节约资源,注意保护环境,注意维护生态平衡,实现经济发展和资源节约、环境保护、生态改善的同步协调发展。经济的包容性增长更多的是强调经济增长的成果要包容到绝大多数社会成员,让大多数社会成员都能够在经济增长中受益,让社会的弱势群体在经济增长中多受点益,以缓解国内的一些社会矛盾,促进经济持续稳定的增长,实现共同富裕的目标。在中国特色社会主义建设的实践中,可持续发展和经济包容性增长是相互协调和相互促进的。经济的包容性增长要求在经济增长的同时,使经济增长包容资源节约和生态环境的改善,推动和促进可持续发展的实现。可持续发展要求在经济增长的同时,让经济增长与生态的感受、环境的保护相互包容,推动和促进包容性增长的实现。

二、可持续发展要求实现经济的包容性增长

可持续发展既是国际社会面临的必然选择,也是人类发展进程的必然体现,可持续发展作为我国经济和社会发展的基本战略,是我国在今后一个较长时期必须坚持的基本方针。坚持可持续发展战略,走可持续发展的道路,就必然要求实现包容性增长,因为:

第一,从社会的可持续发展角度来看,社会的可持续发展不仅需要有资源和环境的支撑,而且需要有一个稳定和谐的社会环境,没有一个稳定和谐的社会环

境作支撑，社会是不可能实现可持续发展的。包容性增长作为一种共享式的增长，要求经济增长的成果能够包容一个国家和地区最大多数的人口，也就是增长的成果要能够为绝大多数的社会成员所享受，绝大多数社会成员要能够公平合理地分享经济增长的成果，使经济增长的成果能够成为构建社会主义和谐社会的物质基础。当前，由于各种复杂的原因，我国还存在着相当多的社会矛盾，并由此引发了一系列的社会问题。比如，社会不同行业收入差距过大、社会成员贫富差距拉大、人民群众生活改善的速度远远慢于经济增长的速度、社会的弱势群体生活比较艰难、社会保障制度还不健全、物价上涨过快影响了人民群众特别是社会弱势群体的基本生活，等等。这些问题的产生，有比较复杂的原因，但其中最基本和最主要的原因是经济增长的成果没有实现共享，没有包容社会的绝大多数成员，没有体现科学发展观提出的发展为了人民、发展依靠人民、发展成果由人民共享的要求。实现包容性增长，让经济增长的成果惠及全体人民，使绝大多数社会成员能够公平地分享经济增长的成果，使绝大多数社会成员在经济增长的基础上提高生活水平，使人民群众的生活更幸福、更快乐、更有尊严，对于缓解当前我国的一些社会矛盾、构建和谐稳定的社会环境具有重要的作用，并可以为可持续发展提供良好社会环境的支撑。

第二，从经济的可持续发展角度来看，一个国家经济要实现快速稳定的增长，即实现可持续的发展，需要有推动经济增长的稳定持久的"动力源"，这个"动力源"作为经济增长的"发动机"，提供的动力越持久、越强劲，经济就能保持越长时间的可持续发展。对于我国经济发展来说，出口、投资、消费是拉动我国经济增长的"三驾马车"。但从长远看，出口受国际环境的影响比较大，难以支撑我国经济持续稳定地增长。世界金融危机以来，国外需求减少，出口下降，出口对我国经济的拉动作用明显减弱，就很好地说明了我国经济的持续稳定增长不能主要靠出口来拉动。而且，生产的工业产品大量出口，虽然创造了外汇，增加了GDP，提供了一些就业岗位，但也在一定程度上消耗了国内的资源，污染了国内的环境，影响了经济的健康发展。投资虽然在一定的时期内对刺激经济的发展有重要的作用，但是依靠投资来拉动经济增长，并非长久之计，而且，主要依靠投资拉动经济的增长，也不利于人民生活水平的提高，还会引发一系列的社会问题。对于我国这样一个大国来说，国内市场极其广大，消费增长的空间也比较大，主要依靠国内消费来拉动经济的增长，不仅比较持久，而且有利于人民群众生活品质的改善和生活水平的提高，有利于解决或缓解当前我国面临的一些社会矛盾和问题，这和科学发展观以人为本的要求也相一致。包容性增长，让绝大多数社会成员公平地共享经济增长的成果，改善他们的生活品质，提高他们的消费能力和消费水平，对于扩大国内消费，拉动经济持续稳定增长，具有重要的作用。

第三，从资源、环境和生态方面来看，经济社会的发展必须依赖于一定的资源、良好的生态和环境，要实现经济社会的可持续发展，需要有环境、资源、生态作支撑。如果在经济社会发展中，资源被过度消耗，环境被污染，生态被破坏，经济社会的发展是难以持久的，是不可能做到可持续发展的。以能源、资源的高消耗和环境的高污染为代价的发展，既不利于人民群众生活水平的提高和生活质量的改善，也难以长久持续下去。要实现可持续发展，必须在经济社会发展的同时，注意资源的节约、注意环境的保护和生态的改善，使经济增长与环境的保护、生态的改善相协调，实现经济增长由主要依靠资源的耗费转变为主要依靠科学技术的进步和劳动者素质的提高来实现，建立资源节约型和环境友好型的社会。实现经济的包容性增长，让经济增长与资源的节约相包容，与环境的保护和生态的改善相包容，就能够在经济增长的同时，使资源得到有效的节约，使生态环境得到有效的改善，为经济的可持续发展提供资源和环境的支撑。包容性增长，同样要求实现经济社会环境的协调发展，同样要求提高经济增长的质量，同样要求对资源的节约，对环境的保护和对生态的改善。所以，包容性增长，是一种环境友好型的绿色增长，这种绿色增长可以促使我们优化经济结构，提升产业的核心竞争力，保障中国经济的可持续发展。

第三节 新形势下坚持走可持续发展道路需要处理好的几个重要问题

可持续性发展战略作为我国经济社会发展必须长期坚持的战略，其基本的内涵和要求在不同的时期基本上是一致的。但是，不同的时期由于经济社会发展所面临的具体矛盾和问题不同，可持续性发展的要求也不尽相同。从我国目前的实际出发，可持续发展需要处理好以下几个重要问题：

一、转变经济增长方式,在发展中注意资源的节约、环境的保护

改革开放三十多年来,我国的经济得到了快速的发展。在经济快速发展的同时,我国的综合国力迅速增强,目前已成为世界第二大经济体,人民群众的生活平时也得到了大幅度的提高,实现了从温饱不足到小康有余的历史性的转变。但是,我国目前经济的快速发展,更多的是依靠投入的增加、资源的消耗和人力资本的耗费来支撑的。我国每年消耗的石油、原煤、钢材、水泥等基础性原材料在世界消费量中所占的比重过大,经济增长所付出的能源、资源代价过大。同时,我国在经济生活发展中,自主创新能力不强,缺乏核心技术,缺少自主知识产权,缺少世界知名的品牌,所以不得不更多地依靠廉价劳动力的比较优势来换取微薄的利益,成为低端产品的"世界工厂"。我国出口商品中90%是贴牌产品,我国的彩电、手机、台式计算机、DVD播放机等产品的产量虽然居世界第一,但关键的芯片仍依赖进口,因此我国企业不得不将每部手机售价的20%、每台计算机售价的30%、每台数控机床售价的20%至40%支付给国外专利的持有者。这样的发展,对资源的依赖过大,对环境的污染和生态的破坏也比较大,发展的速度是上去了,但发展的质量却下来了,这种主要依靠增加物质消耗的发展是不可能持续的。由此可见,无论是从国际科技竞争加剧的趋势看,还是从我国劳动力供给出现的新情况以及资源环境的压力看,我国已经到了必须更多地依靠科技进步、依靠提高劳动者素质和管理创新来带动经济发展的时刻,我们必须把提高自主创新能力、建设创新型国家作为国家发展战略的核心,全面提高自主创新能力,逐步形成以科技进步和创新为基础的新的竞争优势。所以,要转变经济增长方式,提高经济增长的质量,推动产业结构优化升级,使经济增长由主要依靠第二产业带动向依靠第一、第二、第三产业协同带动转变,由主要依靠增加物质消耗向主要依靠科技进步、劳动者素质提高、管理创新转变。走科技含量高、经济效益好、资源消耗低、环境污染少、人力资源得到充分发挥的新型工业化道路,实现节约发展、清洁发展、安全发展和可持续发展。在这一过程中,尤其要注意资源的节约利用和环境的保护、生态的维护,为今后的发展提供资源、环境、生态的支撑。

二、提高人口素质,变人口大国为人力资源强国

人口国情是一个国家最基本的国情,是影响经济社会发展的重要变量,也是经济社会发展的决策基础。人口多、底子薄、人均资源相对不足是我国的基本国情。我国是一个人口大国，也是一个人力资源大国，13亿多的人口对于我国的经济和社会发展来说，既是一个沉重的包袱，也是一笔宝贵的财富。要把包袱变成财富，把人力资源大国变成人力资源强国，关键是要提高人口的素质。如果我国的13亿多的人口，绝大部分是高素质的劳动者，我国就将是一个人力资源强国，我国经济和社会的发展便会有强有力的人才支撑。不提高人口素质，没有高素质的劳动者作支撑，就不可能转变经济增长的方式，就没有科学技术的创新和应用，即使引进了先进的科学技术，也无法完全掌握和应用，无法从真正的意义上推动我国经济持续稳定的发展。劳动者素质提高了，既能够促进技术的创新，又能够促进科学技术在生产中的应用，使科学技术真正成为第一生产力，真正使经济增长转移到依靠科技进步和管理创新的轨道上。实现了技术的进步和管理的创新，才能在发展中真正做到节约资源、保护环境，才能真正实现可持续发展。

要提高人口的素质，实现从人口大国向人力资源强国的转变，必须依靠教育的改革和发展，实施科教兴国战略和人才强国战略。特别是在当前，全球范围内的知识更新及知识转化为生产力的速度大大加快，知识经济在发达国家迅速发展，逐渐成为主导型的新经济形态，经济和信息的全球化将使综合国力的国际竞争日趋激烈，同时国际格局正处在深刻的调整之中。如果说一百多年前推动国际军事政治斗争的动力是各国对工业化必需的资源的争夺，那么，推动21世纪国际经济和科技竞争的动力中人才与知识的竞争将越来越居于核心地位。可持续发展的优势蕴藏于知识之中，社会财富日益向拥有知识优势的国家与地区聚集，这种发展格局对于发展中国家而言，一方面是提供了超越传统发展模式的难得机遇，另一方面则是使其面临着前所未有的严峻挑战。

教育始终是知识创新、传播和应用的主要基地，也是培育创新精神和创新人才的摇篮，它在提高民族素质和创新能力、传承优秀文化传统、增强综合国力和国际竞争力方面，担负着重要的历史使命。实现由人口大国向建设人力资源强国的重大转变，是关系中华民族前途命运的一次伟大的历史性跨越，这一转变同样离不开教育。今后一段时间，要更加均衡地普及九年义务教育，稳步发展各类高等教育，确保2020年基本普及高中阶段教育，积极发展职业教育、继续教育与职业培训，构建有利于全民终身学习的学习型社会；要全面贯彻党的教育方针，切实实施素质教育，不断提高教育质量，促进人的全面发展。

三、提高自主创新能力

当今世界正在发生广泛而深刻的变化，和平、发展、合作仍然是时代潮流。经济全球化深入发展，科技进步日新月异，国际竞争日趋激烈，发达国家在经济科技上占优势的压力长期存在。特别应当充分估计到，知识创新、技术创新、制度创新、管理创新将成为推动经济社会发展的引领力量，成为有效利用全球资源的核心要素和主要动力，并将成为推动经济社会科学和谐协调持续发展的基石。党的十七大突出强调的提高自主创新能力、建设创新型国家，是审时度势地顺应当今时代特征和着眼我国发展全局做出的战略抉择。

进入新世纪新阶段，我国发展也呈现出一系列新的矛盾和问题，主要是经济保持平稳快速增长，经济实力显著增强，但生产力发展水平总体上还不高，自主创新能力还不够强，长期形成的结构性矛盾和粗放型增长方式尚未根本改变，经济增长的资源环境代价过大。中国特色社会主义法律体系基本形成，社会主义市场经济体制初步建立，政府职能基本转变，但促进自主创新的体制机制仍不完善，影响自主创新的诸多体制机制障碍依然存在。促进自主创新能力提高，建设创新型国家，面临着改革、规范和完善保护激励创新的法制政策环境，建设创新友好、公平公正的市场环境和尊重鼓励创新的社会文化环境等深层次矛盾和问题。我国经济实现了连续三十多年的高速增长，但是也付出了沉重的资源和生态环境代价，这种发展模式难以为继。必须加快提升自主创新能力，调整产业结构，转变经济发展方式；必须加快向创新增值、结构优化、资源节约、环境友好、可持续经济增长方式转变。总之，要实现经济转型，实现经济社会的科学和谐协调持续发展，必须提高自主创新能力，着力建设创新型国家，这是事关我国经济建设和社会发展全局的战略抉择。

提高自主创新能力，尤其要注重提高科技自主创新能力。在现代社会中，科学技术在生产中的作用越来越大，已成为推动经济和社会发展的最主要的力量，所以，邓小平同志才指出科学技术是第一生产力。在可持续发展发展中，科学技术，尤其是科技自主创新，同样具有重要的作用。无论是资源的节约、环境的保护，还是经济增长方式的转变、经济效益的提高，都离不开科学技术和科技创新。科学技术是引领经济社会发展的主导力量，科技创新是解决我国发展中面临的新课题新矛盾的根本途径。在可持续发展中，我们要提高科技自主创新能力，创新关键技术，走出一条在资源有限的国情下，依靠科技实现科学发展、建设和谐社会，进而实现现代化的发展道路；要按照科学发展观的要求，把握世界科技发展的大势，抓住制约我国经济社会发展的重大瓶颈问题，立足对我国长远发展起关键与先导作用的重要科技领域，进一步明晰科技发展的着力点，实现由"世界工厂"向"创造强国"的跨越；要从根本上转变我国经济发展方式和产业结构，抓住信息科技更新换代和我国即将成为世界第一大网络通信和计算机市场的难得机遇，大力发展以知识和创新为基础的现代服务业，加快振兴装备制造业、先进材料产业，发展工业生物经济，力争突破一批关键技术，掌握一批重大自主知识产权，大幅度提升我国产业的国际竞争力。

四、构建有利于可持续发展的消费模式

改革开放三十多年来，我国在经济快速增长的基础上，人民群众的生活水平和消费水平都得到了很大的提高。但是，由于各种原因，我们在消费模式上出现了脱离国情的问题，基本的表现就是"过度消费"。一次性的消费品大量使用、家用汽车的超前大规模普及、住房面积的盲目扩大等都是"过度消费"的基本表现。"过度消费"既浪费了宝贵有限的资源，又加剧了环境的污染，不利于可持续发展的实现。所以，要贯彻落实科学发展观，实现经济社会的可持续发展，还要"适度消费"，构建有利于可持续发展的消费模式。"适度消费"，是指消费要与社会生产力发展、收入水平、资源环境等相协调。"适度消费"，不是提倡少消费、不消费，相反，努力扩大城乡居民合理、健康的消费需求，无论是现在还是今后都是经济社会进步和发展的重要任务。"适度消费"主要是抑制一些不良的消费，反对畸形消费。不良的消费、畸形的消费不顾社会生态和资源的限制，不利于消费和生产的可持续发展、影响社会和谐，其实质是一种非科学的消费。不良消费和畸形消费以自我享受为目的，毫不考虑消费对于外界环境与条件的相互依赖，不顾忌自然界和资源耗费的限度，不考虑人类消费活动的可持续发展，其结果是浪费资源、破坏资源、败坏风气。构建有利于可持续发展的消费模式，要坚持以满足人的身心全面发展为宗旨，坚持科学、文明、健康的生活态度，坚持人与社会发展、人与自然和谐相处的可持续消费的基本宗旨，不断推进社会的全面进步和人的全面发展，建立与和谐社会相适应的现代生活方式，以较少资源耗费实现较高水平的生活质量，形成具有中国特色的适度、公平、以人为本的消费模式。

第八章　中国的包容性发展是文明发展

文明是指人类所创造的财富的总和，特指精神财富，如文学、艺术、教育、科学等，也指社会发展到较高阶段表现出来的状态。文明是人类在认识世界和改造世界的过程中所逐步形成的思想观念以及不断进化的人类本性的具体体现。在现代社会中，文明也是一种发展方式。在新形势下，我们要顺应世界文明发展的基本趋势，走文明发展的道路。实现经济的包容性增长，要求我们坚持文明发展道路，促进和推动社会文明的不断发展。

第一节　文明发展是时代对我国发展的必然要求

一、我国文明发展道路的特点

在我国经济社会发展中，坚持文明发展，走文明发展道路，是我们实现全面建成小康社会奋斗目标和实现中华民族伟大复兴"中国梦"的必然选择。我国的文明发展道路，是一条物质文明、精神文明、政治文明协调发展的道路；是一条把提高人民群众的物质社会水平和提高人民群众的思想道德素质有机统一起来的发展道路；是一条依靠文明的方式实现经济社会发展的发展道路；是一条在经济社会发展的基础上实现人的全面发展的发展道路。我国的文明发展道路，有四个特点。

第一，发展内容的多样性。我国的文明发展，从内容来看，不是单一的，而是多样的，既包括了物质文明的发展，又包括了精神文明、政治文明和生态文明的发展。物质文明是精神文明、政治文明和生态文明的基础，没有发达的物质文明，精神文明、政治文明和生态文明建设就失去了物质基础。我国文明发展内容的多样性，就要求我们在中国特色社会主义的建设中，既要抓物质文明建设，也要抓精神文明、政治文明和生态文明建设。不能把经济社会的发展仅仅理解为物质文明的发展，忽视精神文明、政治文明和生态文明的建设，而是要把物质文明建设、精神文明建设、政治文明建设、生态文明建设统一于建设中国特色社会主义的实践，使它们同步推进，协调发展，共同促进我国的文明发展。

第二，发展方式的文明性。我国的文明发展，从发展的方式上看，是要用文明的方式来实现发展，体现了发展方式的文明性。发展方式的文明性主要表现在三个方面：一是从国内看，我国的发展是通过大力发展生产力，通过科学技术的进步和劳动者素质的提高来实现的，不能依靠对于自然资源的掠夺、对生态环境的破坏等野蛮的方式来实现；二是从发展的目的上看，我们的发展，最终目的是要促进人的全面发展，实现共同富裕的目标，这就要求我们在发展中，只能通过大力发展生产力，通过科学技术的进步和劳动者素质的提高来实现发展，不能通过对人民群众的掠夺来实现发展；三是从国际上看，我国的发展是建立在和其他国家互利共赢基础上的发展，不能依靠对其他国家，尤其是中小国家的侵略、掠夺、剥削等野蛮的方式来实现。

第三，发展进程的协调性。从我国文明发展的进程看，要在21世纪的头二十年实现全面建设小康社会的奋斗目标，进而在21世纪中叶实现中华民族伟大复兴的战略目标，要求我们要协调推进发展的进程，实现协调发展。发展进程的协调性表现在：一是物质文明、精神文明、政治文明、生态文明的发展要协调，从根本上改变精神文明、政治文明、生态文明发展滞后于物质文明发展的现状；二是经济建设、社会建设、文化建设、生态建设的发展要协调，从根本上改变社会建设、文化建设、生态建设滞后于经济建设发展的现状；三是人民群众物质生活水平的提高和思想道德素质的提高要协调，改变人民群众思想道德素质的提高滞后于物质生活水平的提高的现状；四是城乡经济和区域经济的发展要协调，改变农村发展长期滞后于城市发展，西部地区的发展滞后于东部地区的发展的现状。

第四，发展过程的包容性。我国的文明发展，从发展过程来看，体现出对其他文明的包容性。发展过程的包容性主要体现在两个方面：一是现代文明对古代文明的包容。我国在现代文明的发展中，并没有完全抛弃古代文明，而是对古代文明进行了取其精华、弃其糟粕的"扬弃"，"扬弃"是一种辩证的否定，实际是一种包容。二是中国文明对国外文明的包容。我国在文明发展的过程中，对于国外的文明，尤其是对西方文明，并没有完全抛弃，同样是取其精华、弃其糟粕的"扬弃"，实际上也就是对国外文明，尤其是对西方文明的包容。我国的文明发展，实际上是现代文明和古代文明、中华文明和西方文明相包容的发展。

二、我国的文明发展道路是符合世界发展潮流的发展道路

我国的文明发展道路，是和世界历史发展的趋势和潮流相一致的，是符合世界发展潮流的发展道路，因为：（1）世界历史发展的趋势就是文明取代野蛮的历史。从人类社会发展的历史看，人类最初的社会形态是原始社会，原始社会就其总的特征看，就是一个野蛮的社会，野蛮到人们可以食用自己的同胞来解决生存的问题。奴隶社会虽然比较原始社会有所进步，但同样是一个野蛮的社会，奴隶主对奴隶可以施用各种酷刑，可以随意剥夺奴隶的生命，可以让奴隶为奴隶主殉葬，这些都是奴隶社会野蛮性的基本表现；虽然封建社会仍然是一个人剥削人的社会，但比奴隶社会更加文明，无论在物质文明发展，还是在社会生活的其他方面，都比奴隶社会有了很大的进步；进入资本主义社会以后，人类社会的发展进入了一个新的阶段，开启了人类文明发展的新时代，资本主义在物质文明、精神文明、政治文明方面，和封建社会相比，有了突飞猛进的发展；社会主义制度的建立，生产资料公有制的建立和剥削制度的消灭，把人类文明的发展带入了一个新的发展时期。可见，人类社会由野蛮走向文明，是世界历史发展的趋势和潮流。我们在发展的过程中，必须顺应世界历史发展的趋势和潮流，实现文明发展。（2）实现文明发展是世界各国人民的共同心愿，也是不可阻挡的历史潮流。用文明的方式实现发展，在发展的过程中推进人类文明水平的提高，才能真正使世界上绝大多数国家的人民享受到经济发展的成果。在历史上，一些国家用野蛮的方式来实现自己的发展，依靠对其他国家的侵略、掠夺来发展本国的经济，不仅给其他国家的人民群众带来了深重的灾难，也给本国的人民群众带来了深重灾难，得利的只是本国少数统治阶级。在中国近现代史上，日本就多次侵略我国，掠夺了我国无数的宝贵资源。日本的每一次侵华战争，都给中国人民带来了深重的灾难，仅仅一个南京大屠杀，就使三十万中国人惨死在日本军国主义者的屠刀下。侵华战争不仅给中国人民带来了深重的灾难，同样也给日本人民带来了深重的灾难。侵华战争得利的只是少数日本军国主义者。历史的经验教训使人们认识到，只有实现文明发展，才能使广大人民群众真正享受到发展的成果，才能促进人类文明水平的提高。所以，实现文明发展，就成为世界各国人民的共同心愿，

成为不可阻挡的历史潮流。特别是当今世界正处在大发展、大变革、大调整时期，和平、发展、合作的时代潮流没有变，但世界和平与发展面临很多挑战：经济全球化继续发展，科技创新孕育新突破，各国经济相互依存不断加深，全球经济治理出现新变革。在这种情况下，世界各个国家各种文明的交流越来越多，这给我国发展提供了前所未有的机遇。与此同时，国际金融危机深层次影响仍然存在，国际金融市场不稳定、不确定因素增多，国际和地区热点此起彼伏，气候变化、生态恶化、能源资源安全、粮食安全、重大自然灾害等全球性挑战日益突出，特别是在互联网迅速发展的新情况下，国际社会发生的各种变动、各种信息已经可以通过扁平、快捷的信息传递方式即时传到我国。在这样的情况下，我们必须顺应国际潮流的发展趋势，通过文明发展，增强中华文明的吸引力、凝聚力和融合力，在尊重世界文明发展多样性的同时，走一条有中国特色的文明发展道路，有效应对全球发展带来的挑战。

三、文明发展是新形势下我国发展的必然选择

我国的文明发展道路，不仅是符合世界发展潮流和趋势的文明发展道路，也是符合我国历史和现实国情的发展道路，是新形势下我国发展的必然选择，因为：（1）从历史上看，我国是一个文明古国，创造了辉煌灿烂的古代文明。我国是历史上最古老的国家之一，在古代，中国人民经过艰苦的努力和奋斗，在世界文明的发展史上写下了辉煌的篇章，在世界文明的发展中曾经长期处在领先地位，创造了诸如万里长城、古代哲学、唐诗宋词等物质文明和精神文明，为世界文明的发展做出了积极贡献。可以说，文明发展是我国历史发展的主流，是我国历史发展的传统。我们今天选择走文明发展道路，是符合我国历史发展传统和历史发展主流的。（2）目前，中国进入了全面建成小康社会的关键时期和深化改革开放、加快转变经济发展方式的攻坚时期，新的形势对我国经济社会的发展提出了新的要求。经过三十多年的改革开放，我们已经取得了举世瞩目的伟大成就，但我国仍处于并将长期处于社会主义初级阶段的基本国情没有变，人民日益增长的物质文化需要同落后的社会生产之间的矛盾这一社会主要矛盾没有变，我国是世界上最大的发展中国家的国际地位没有变，发展仍然是解决我国所有问题的关键。但与此同时，人民群众的需求却发生了变化，从主要的物质需求转变为物质需求、文化需求和精神需求等多方面的需求，人们思想活动的独立性、选择性、多变性、差异性明显增强，这对我国的文明发展提出了新的要求。要求我们

在继续聚精会神搞建设、一心一意谋发展，不断夯实坚持和发展中国特色社会主义物质基础的同时，积极发展先进文化，推动社会主义精神文明和政治文明的发展，实现文明发展，不断满足人民群众多方面的需求，切实提高人民群众的生活水平，促进人的全面发展。(3) 我们要在21世纪头二十年实现全面建成小康社会的奋斗目标，要在21世纪中叶实现中华民族伟大复兴"中国梦"的战略目标，这就需要我们坚持走文明发展的道路。全面小康的社会，不仅应该是一个物质文明高度发达的社会，而且应该是精神文明和政治文明都高度发达的社会。在全面建成小康社会后，我们不仅要让人民群众过上殷实富足的物质生活，而且要让人民群众享有健康丰富的文化生活和精神生活，让人民群众的民主权利得到充分的实现。要实现全面建成小康社会的奋斗目标，就要求我们坚持走文明发展的道路，在加快物质文明建设的同时，加快精神文明和政治文明的建设，实现文明发展。在21世纪中叶，我们还要实现中华民族伟大复兴的战略目标。中华民族的伟大复兴，应该是多方面的，从经济上看，是要在经济方面把我国建设成为世界上第一的大经济体，成为经济上最强大的国家，使人民群众真正过上富裕幸福的生活。从文化方面看，是要增加中华文化的吸引力和影响力，让中华民族优秀的文化能够在世界上有感召力和影响力。此外，中华民族的伟大复兴，还包括了政治、军事等多个方面。中华民族的伟大复兴，实际是中华文明的复兴，要实现中华民族伟大复兴"中国梦"的奋斗目标，就要求我们坚持走文明发展的道路。

第二节 文明发展需要实现包容性增长

一、文明发展和包容性增长具有一致性

人类社会发展的历史，就是文明逐步代替野蛮的历史。顺应历史发展的潮流和趋势，我们确立了发展要建立在文明的基础上，要坚持文明发展的方针。文明发展是今后我国发展的基本趋势和方向，是我们在经济社会发展中必须坚持的一个基本的方针。在经济增长上，我们提出了要实现经济的包容性增长，让经济增长的成果公平地惠及全体社会成员。文明发展和经济的包容性增长在内容和方式上具有一致性，表现在：(1) 文明发展和经济包容性增长在主体上是一致的。从我国的文明发展来看，我们文明发展的主体是人民群众，实现文明发展，要求

在建设社会主义物质文明的同时,建设社会主义精神文明和政治文明,要求不仅要促进人民群众物质生活水平的提高,而且要促进人民群众精神生活水平的提高,不仅要提高人民群众的科学文化素质和思想道德素质,而且要保证人民群众能够充分行使宪法赋予的民主权利,能够充分行使管理国家经济事务、社会事务的权利,能够真正成为国家和社会的主人。经济的包容性增长,主要强调的是经济增长的成果要能够包容社会的绝大多数成员,要能够惠及绝大多数人民群众,要能够让作为社会主体的人民群众在经济增长的基础上,生活质量得到改善,生活水平得到提高,并在此基础上,实现人的全面发展。我国文明的发展,是从人民群众发展的多样性和人民群众民主权利的行使及保障方面来强调人民群众的主体地位,经济的包容性增长,是从经济增长的享受方面来强调人民群众的主体地位。可见,文明发展和经济包容性增长在主体上是一致的。(2)文明发展和经济包容性增长在目标上是一致的。文明发展从目标上看,是要通过在发展社会主义物质文明的同时,发展社会主义精神文明和政治文明,在提高人民群众物质生活水平的同时,提高人民群众的精神生活水平,在提高人民群众科学文化素质的同时,提高人民群众的思想道德素质,保证人民群众能够有效地行使管理国家和社会事务的权利,体现人民群众主人翁的地位,文明发展的最终目标是要实现社会的全面进步和人的全面发展。经济的包容性增长,从近期目标上看,是要通过经济增长途径、方式的调整,通过对经济增长成果分配的调整,既解决经济增长和社会发展过程中的一系列问题,又使作为国家和社会主人的人民群众能够公平地享受经济增长的成果,提高人民群众的生活水平。从长远来看,经济的包容性增长,既要推动经济社会的健康发展,又要切实提高人民群众的生活水平,最终达到促进社会全面进步和人的全面发展的目标。可见,文明发展和经济包容性增长在总体目标上是一致的。(3)文明发展和经济包容性增长在实现的途径和基础上是一致的。我国要实现文明发展,从基本途径上看,仍然是要通过科学技术的进步、人民群众素质的提高和民主制度的逐步完善来实现。从实现的基础上看,要能够用文明的方式来实现发展,在国内不依靠对自然界的掠夺和对生态环境的破坏来实现发展,在国际上不依靠对其他国家的侵略和掠夺来实现发展,这就需要我国具备强大的综合国力。一个国家没有强大的国力作为基础,是不可能做到文明发展的,尤其是在国际社会中,你不侵略和掠夺其他国家,不等于其他国家也不侵略和掠夺你,如果连国家的安全都无法保障,文明发展就是一句空话。经济包容性增长的实现,从基本途径上看,同样是要通过科学技术的进步、劳动者素质的提高来实现。从实现的基础上看，经济包容性增长的实现同样需要以国力作为基础，无论是城市的发展要包容农村的发展，实现城乡发展的均衡发展，还是发达地区的发展要包容落后地区的发展，实现地区之间的共同发展，无论是经济的增长要包容环境的改善，实现人与自然的和谐发展，还是经济增长的成果要更多地包容弱势群体，让绝大多数社会成员共享经济增长的成果，都需要以国家强大的国力作为基础。离开了国家强大的国力，包容性增长就会落空。所以，文明发展和经济的包容性增长在实现的基本途径和基础上是一致的。（4）文明发展和经济包容性增长是相互协调和相互促进的。文明发展，主要是强调我国的发展不能采取野蛮的方式，即不能依靠对自然界的掠夺，对生态环境的破坏，对其他国家的侵略和掠夺来实现发展，同时强调社会要实现全面发展，协调推进物质文明、精神文明和政治文明的发展。经济的包容性增长更多的是强调经济增长的成果要包容绝大多数社会成员，让大多数社会成员都能够在经济增长中受益，让社会的弱势群体在经济增长中多受点益，以缓解国内的一些社会矛盾，促进经济持续稳定地增长，实现共同富裕的目标。在中国特色社会主义建设的实践中，文明发展和经济包容性增长是相互协调和相互促进的。经济的包容性增长能够在经济增长的同时，通过政策的调整，解决或者缓解当前我国经济社会发展中的一些突出问题，促进国内经济持续、稳定、健康地发展，在此基础上，提高人民群众的生活水平，增加国家的综合国力，从而夯实文明发展的物质基础，推动和促进文明发展的实现。文明发展能够在物质文明发展的同时，促进精神文明和政治文明的发展，能够用文明的方式实现经济的增长，这有利于促进社会的协调发展，促进环境的保护和生态的改善，促进资源的节约利用，为实现经济的包容性增长提供良好的社会环境，推动和促进经济包容性增长的实现。

二、文明发展要求实现经济的包容性增长

文明发展既是顺应历史发展潮流和趋势的发展道路，也是符合我国国情的发展道路。文明发展是今后我国发展的基本趋势和方向，是我们在经济社会发展中必须坚持的一贯基本的方针。坚持走文明发展的道路，就必然要求实现包容性增长，因为：

第一，从文明发展的目标上看，要求实现经济的包容性增长。我国的文明发展，从目标上看要实现三个基本的目标，一是要在物质文明、精神文明和政治文明建设的基础上，推动社会文明的发展，促进社会文明水平的提高；二是要在提

高人民群众科学文化素质和思想道德素质的基础上，提高人民群众的文明素养；三是要在实现中华民族伟大复兴的同时，实现中华文明的复兴。要实现上述三个基本目标，就要求实现经济的包容性增长，因为：（1）只有实现经济的包容性增长，让经济的增长包容资源的节约利用，包容生态的改善和环境的保护，才能在发展中做到依靠科学技术的进步和劳动者素质的提高来实现发展，而不是依靠对自然界的掠夺和对生态环境的破坏来实现发展，才能在经济增长的同时，推动社会文明的发展，促进社会文明水平的提高；（2）只有实现经济的包容性增长，让人民群众物质生活水平的提高包容思想道德素质和文明素养的提高，才能在经济增长和人民群众物质生活水平提高的基础上，提高人民群众的文明素养；（3）只有实现经济的包容性增长，让物质文明、精神文明、政治文明、生态文明相互包容，协调推进，才能在实现中华民族伟大复兴的同时，实现中华文明的复兴。

第二，从文明发展所需要的社会环境看，要求实现经济的包容性增长。我国文明发展的实现，从社会环境来看，既需要个人文明素养的提高，也需要整个社会文明水平的进步与提高，要创造实现文明发展所需要的社会条件，就需要实现经济的包容性增长，因为：（1）只有实现经济的包容性增长，才能让经济的增长包容人民群众思想道德素质和文明素养的提高，使公民的文明素养能够在物质生活水平提高的基础上得到切实的提高，为文明发展的实现提供公民文明素质的保障；（2）只有实现经济的包容性增长，让经济增长和物质文明建设包容精神文明和政治文明建设，才能使物质文明建设、精神文明建设和政治文明建设协调推进，才能在经济增长的基础上促进社会文明水平的进步与提高，为文明发展创造良好的社会条件；（3）只有实现经济的包容性增长，让经济的增长包容生态环境的改善，才能让人们充分认识到良好的生态环境对人类生存和发展的重要性，帮助人们逐步养成用文明的方式实现发展的习惯，为文明发展提供良好的生态环境。

第三，从文明发展所需要的条件看，要求实现经济的包容性增长。文明发展的实现，需要具备一定的自然条件、社会条件和公民个人的条件。从自然条件看，文明发展需要有一个环境优美、生态良好的自然条件。从社会条件看，文明发展需要构建人与人、人与社会之间融洽、协调的关系，需要人们之间的宽容、理解和支持。从公民个人的条件看，需要公民个人文明素养的提高。要创造文明发展所需要的条件，就要求实现经济的包容性增长，因为：（1）只有实现经济的包容性增长，才能使经济的增长包容生态的改善、包容环境的保护、包容资源的节约利用，在经济增长的基础上，建设资源节约型和环境友好型社会，为文明发展创造良好的自然条件；（2）只有实现经济的包容性增长，让经济增长的成果不仅包容人民群众物质生活水平的提高，而且包容人民群众思想道德素质的提高，培养人民群众基本的道德品质，有利于构建人与人、人与社会之间融洽、协调的关系，有利于人与人之间的宽容、理解和支持，为文明发展提供良好的社会条件；（3）只有实现经济的包容性增长，才能使经济增长的成果不仅包容公民物质生活水平的提高，而且包容公民文明素养的提高，使公民的文明素养能够在经济增长和物质生活水平提高的基础上切实得到提高，为文明发展提供公民文明素养的支撑。

第四，从文明发展所需要的实现途径看，要求实现经济的包容性增长。文明发展从实现途径上看，要求要通过科学技术的进步来推动生产力的提高，从而实现发展，要求通过劳动者素质的提高来实现发展，要求通过经营管理水平的提高来实现发展，不能依靠对自然的掠夺、对生态环境的破坏、对社会弱势群体的掠夺、对其他国家的掠夺来实现发展。文明发展的途径，就要求经济实现包容性增长，因为：（1）只有实现经济的包容性增长，才能使经济的增长包容资源的节约和生态环境的改善，使经济增长建立在科学技术的进步和劳动者素质提高的基础上，而不是通过对自然的掠夺、对生态环境的破坏来实现发展；（2）只有实现经济的包容性增长，才能使我国的发展包容其他国家的发展，使我国的发展主要依靠本国人民的努力和奋斗来实现，而不是通过对其他国家的掠夺来实现；（3）只有实现经济的包容性增长，才能使经济增长的成果为绝大多数的社会成员公平共享，让经济增长的成果包容绝大多数社会成员，而不是通过对社会弱势群体的掠夺来实现发展。

第三节　新形势下坚持走文明发展道路需要处理好的几个重要问题

一、建设社会主义核心价值体系，提高公民的文明素养

改革开放三十多年来，我国经济社会的发展取得了举世瞩目的成就，并成为世界上经济增长较快的国家，经济增长的质量和效益也有所改善和提高。在此基础上，国家的综合国力和人民群众的生活水平都有了很大程度的提高。但是，我们不能不看到，我国经济社会发展中还存在诸多的问题，其中一个最基本的问题就是经济增长的成果没有很好地包容公民文明素养的提高，相当一部分社会成员在物质生活水平得到大幅度提高的同时，文明素养没有得到相应的提高。公民文明素养没有得到相应的提高有很多方面的表现。比如，一部分公民社会公德水平不高，致使其在社会生活的很多方面出现了一些不文明的现象，一部分公民不遵守公共秩序，一部分公民随手乱扔垃圾，影响了环境卫生，一部分公民语言不文明，出口成"脏"。又比如，一些城市出现的老人摔倒、路人出车祸没有人愿意去救助的现象，一方面反映出法制不健全和社会道德水平亟待提高的问题，同时也反映出公民文明素养不高的问题。公民文明素养不高，一方面影响了和谐人际关系的构建，影响了社会主义和谐社会的建设，另一方面，影响了人的素质的全面提高，影响了人的全面发展的实现。所以，要在经济增长的基础上促进人的全面发展的实现，就需要让经济增长的成果包容公民思想道德素质的提高，包容公民文明素养的提高。

在当前，要提高公民的思想道德素质和文明素养，就要求我们要建设社会主义核心价值体系。社会主义核心价值体系的基本内容包括马克思主义的指导思想、中国特色社会主义的共同理想、以爱国主义为核心的民族精神和以改革创新为核心的时代精神、社会主义荣辱观等四个方面的内容。在社会主义核心价值体系四个方面的基本内容中，以"八荣八耻"（以热爱祖国为荣，以危害祖国为耻；以服务人民为荣，以背离人民为耻；以崇尚科学为荣，以愚昧无知为耻；以辛勤劳动为荣，以好逸恶劳为耻；以团结互助为荣，以损人利己为耻；以诚实守信为荣，以见利忘义为耻；以遵纪守法为荣，以违法乱纪为耻；以艰苦奋斗为荣，以骄奢淫逸为耻）为基本内容的社会主义荣辱观是社会主义核心价值体系的基础，它涵盖爱国主义、集体主义、社会主义思想，体现了中华民族传统美德和时代要求，反映社会主义世界观、人生观、价值观，明确了当代中国最基本的价值取向和行为准则，是马克思主义道德观的精辟概括，是新时期社会主义道德的系统总结，是以人为本、全面协调可持续发展的科学发展观的重要组成部分，是新形势下社会主义思想道德建设的重要指导方针。在建设社会主义核心价值体系的基础上，党的十八大提出了要"倡导富强、民主、文明、和谐，倡导自由、平等、公正、法治，倡导爱国、敬业、诚信、友善，积极培育和践行社会主义核心价值观"。建设社会主义核心价值体系，不仅有利于提高公民的思想道德素质，也有利于提高公民的文明素养，从而有利于推动社会主义和谐社会建设，促进人的全面发展的实现。

二、加强文化体制的改革和发展，建设有中国特色的社会主义文化

文化是文明的重要内容，一个没有文化的人不可能实现自己的全面发展，同样，一个没有文化的国家也不可能实现国家的文明发展。所以，要实现文明发展，就需要加强文化体制的改革和发展，建设有中国特色的社会主义文化。特别是在当前，国际国内形势对我国的文化发展和创新提供了前所未有的机遇。与此同时，国际金融危机深层次影响仍然存在，国际和地区热点问题此起彼伏，国际社会发生的各种变动、各种信息可以通过各种方式及时传递到我国。在这样的情况下，文化在综合国力竞争中的地位和作用更加凸显，维护国家文化安全任务更加艰巨，增强国家文化软实力、中华文化国际影响力要求更加紧迫。深化我国文化体制改革，在尊重世界文化发展多样性的同时，增强我国文化软实力，有效应对全球发展面临的挑战，已经成为我国现代化建设必须解决的重大战略问题。

加强文化体制的改革和发展，就要坚持中国特色社会主义文化发展道路，努力建设社会主义文化强国。中国特色社会主义文化发展道路集中体现了党的性质宗旨和我国发展的根本方向，体现了对中华民族优秀传统文化的坚持继承和创新发展，体现了文化发展规律和人民群众根本意愿。这一发展道路深刻回答了我国文化建设以什么为指导、沿着什么方向、按照什么要求、围绕什么任务、达到什么目标等一系列重大战略问题，为我们推进文化改革发展、建设社会主义文化强国指明了方向和路径。

根据党的十七届六中全会精神，今后一个时期，文化体制的改革和发展，主要需要做好以下六个方面的工作：一是推进社会主义核心价值体系建设，巩固全党全国各族人民团结奋斗的共同思想道德基础。其中，要广泛开展民族精神和时代精神、社会主义荣辱观宣传教育，深化群众性精神文明创建和志愿服务活动，开展道德领域突出问题专项教育和治理，培育文明风尚。二是全面贯彻"二为"方向和"双百"方针，为人民提供更好更多的精神食粮。三是大力发展公益性文化事业，保障人民基本文化权益；注重加快推进城乡文化一体化发展，深入实施广播电视村村通、文化信息资源共享、社区和乡镇综合文化站、农村电影放映、农家书屋等文化惠民工程，推动文化资源更多向农村、基层倾斜，向革命老区、民族地区、边疆地区、贫困地区倾斜，尽快把农民工纳入城市公共文化服务体系。四是加快发展文化产业，推动文化产业成为国民经济支柱性产业；要在重点领域规划和实施一批重大文化产业项目，统筹规划文化创业创意园区、文化产业基地建设，加快传统文化产业升级，大力发展新兴文化产业。五是进一步深化改革开放，加快构建有利于文化繁荣发展的体制机制；注重创新文化管理体制，深化文化行政管理体制改革，完善管人、管事、管资产、管导向相结合的国有文化资产管理体制。要完善政策保障机制，保证公共财政对文化建设投入的增长幅度高于财政经常性收入增长幅度，提高文化支出占财政支出的比例，从财政、税收、金融、用地等方面加大对文化产业的政策扶持力度。六是建设宏大的文化人才队伍，为社会主义文化大发展大繁荣提供有力人才支撑。

三、转变经济增长方式，坚决禁止掠夺式的开发

我国要实现文明发展，还需要转变发展的方式。改革开放三十多年来，我国经济保持了持续、快速、稳定的增长，极大地增强了国家的综合国力，极大地提高了人民群众的生活水平。改革开放三十多年的发展，已经使我国成为了世界第二大经济体，成为一个在国际生活中占有重要地位的国家。人民群众的生活水平由温饱不足发展到小康有余，我国由低收入国家进入了中等收入国家的行列。但是，我国改革开放三十多年的发展，从经济增长的方式上看，主要是依靠劳动者成本较低的比较优势取得的，主要是依靠对资源的消耗取得的，一些地方的发展甚至是依靠对自然资源的野蛮掠夺取得的。这样的一种增长方式，虽然支撑了我国第一、第二步发展目标的实现，但已无法支撑我国实现发展的第三步战略目标，即实现全面建成小康社会的奋斗目标和实现中华民族伟大复兴的战略目标。

要在21世纪头二十年实现全面建设小康社会的奋斗目标，进而在21世纪中叶实现中华民族伟大复兴的战略目标，必须转变经济增长的方式，把经济增长真正转移到依靠科学技术进步和劳动者素质提高的轨道上来，实现文明发展、科学发展。

在转变经济增长方式的问题上，特别要指出的是要坚决禁止掠夺式的开发。目前，一些地方在发展上，急功近利，发现一种资源，马上进行开发，而且是掠夺式的开发，既不考虑资源开发的周期，也不考虑资源的综合开发利用；既不注意生态的维护，也不注意环境的保护；既不注意开发的科学性，也不注意开发的文明性。这样的开发，使资源在一个比较短的时期就枯竭了，发展的可持续性受到了影响，而且往往是开发了主矿，抛弃了附矿，开发了富矿，抛弃了贫矿，资

源的综合利用率大大降低，资源开发完了，当地的生态也被破坏了，环境也被污染了。这种掠夺式的开发，既不科学，也不文明，在很大程度上影响了我国的科学发展、文明发展和可持续发展，是必须坚决予以禁止的。

四、加快社会主义和谐社会建设，为文明发展创造良好的社会条件

我国要实现文明发展，还需要有一个良好的社会环境，没有一个良好的社会环境作为支撑，文明发展就会落空。目前，我们要加快社会主义和谐社会建设，为文明发展创造良好的社会条件。

从为文明发展创造良好社会条件的角度出发，目前，加快社会主义和谐社会建设，主要应做好以下三个方面的工作：（1）正确处理好社会主义和谐社会建设和社会主义物质文明、精神文明、政治文明、生态文明建设的关系。社会主义和谐社会建设是和社会主义物质文明、精神文明、政治文明、生态文明建设有机统一的，它们具有不可分割的紧密联系。建设社会主义物质文明、精神文明、政治文明、生态文明，实现文明发展，可以为构建社会主义和谐社会提供坚实的基础。构建社会主义和谐社会，又可以为建设社会主义物质文明、精神文明、政治文明、生态文明发展提供重要条件。我们要通过发展社会主义的生产力来不断增强和谐社会建设的物质基础，通过发展社会主义民主政治来加强和谐社会建设的政治保证，通过发展社会主义先进文化来不断巩固和谐社会建设的智力支持和精神支撑，同时又通过和谐社会建设来为物质文明、精神文明、政治文明、生态文明发展创造有利的社会条件。（2）加快教育的改革发展，提高公民的思想道德素质和文明素养，建设人力资源强国。教育是民族振兴的基石，也是实现文明发展的基石。离开了教育，就没有公民的思想道德素质和文明素养的提高，就不可能把经济增长的方式转移到依靠科学技术的进步和劳动者素质提高的轨道上，就不可能实现文明发展。所以，必须加快教育的改革发展，着力提高公民的思想道德素质和文明素养，为经济增长方式的转变，为文明发展的实现提供人才支撑。（3）完善社会管理，维护安定团结。社会稳定是人民群众的共同心愿，是实现文明发展的重要前提。随着改革开放不断深入和社会主义市场经济的不断发展，我国经济体制、社会结构、利益格局和人们的思想观念都发生了深刻的变化。这种空前的社会变革，给我国经济社会的发展带来了巨大的活力，同时也带来了一系列的社会矛盾和问题，增加了社会管理的难度和复杂性，必须把完善社会管理、维护社会稳定作为重点，为文明发展创造和谐的社会条件。

第九章 中国的包容性发展是城乡共同发展

城乡发展的失衡是我国经济社会发展中存在的一个基本的问题,也是我国社会主义初级阶段的基本国情。城乡发展的失衡不仅会影响到经济社会的持续、稳定、健康发展,而且会影响到全面建成小康社会奋斗目标和中华民族伟大复兴的实现。实现城乡的共同发展,是全面建成小康社会的需要,是在21世纪中叶实现中华民族伟大复兴的必然选择。实现经济的包容性增长,就要求我国要坚持走城乡共同发展的道路,实现城乡的共同发展。

第一节 城乡共同发展是时代对我国发展的必然要求

一、我国目前在城乡共同发展中存在的问题

改革开放三十多年来,虽然我国经济社会得到了快速的发展,国家的综合实力和人民群众的生活水平也得到了大幅度的提高。但是,在经济社会的发展中,我们还存在诸多的问题和矛盾,其中,一个基本的问题就是城乡发展失衡的问题。城乡发展失衡主要表现在三个方面。

第一,农村的发展落后于城市的发展。由于各种复杂的原因,我国的农村发展长期落后于城市的发展。从表面上看,我国北京、上海、广州、深圳等大城市的经济社会发展水平都比较高,基本上达到了发达国家的水平,我国中小城市和县城的经济社会的发展水平也还可以,基本上达到了中等收入国家的水平,但是

我国的农村，尤其是云南、甘肃、贵州、青海、内蒙古等西部地区的农村，经济社会发展水平还很低，相当于发展中国家的水平。农村的发展落后于城市的发展主要表现在：（1）农村的基础设施落后于城市的基础设施。在城市优先、大工业优先方针的指导下，大量的财政资金集中投入于城市，用于经营性投资和城市基础设施、教育、卫生、文化、社会保障等公共品投资。城市建设越来越好，而农村变得越来越不尽如人意。目前，全国农村有0.5%的乡镇、7.9%的行政村和大量的自然村不通公路，还有33%的村庄没有合格的饮用水，自来水通村率也不到50%。（2）农村的教育落后于城市的教育。我国的大中专院校，基本上都建在城市，义务教育阶段的优质教育资源也绝大部分集中在城市。虽然我国宪法和教育法都规定"公民不分民族、种族、性别、职业、财产状况、宗教信仰等，依法享有平等的受教育机会"，但是，城市居民和农民接受义务教育的机会却是不平等的，农村师资严重短缺，农村师资力量与城市相比不仅数量少，而且质量有待提高，农村学校的教育质量和城市学校的教育质量也存在明显的差距。（3）农村的社会保障远远落后于城市。我国实行的是城乡分割的二元社会保障制度，农村社会保障始终处于国家社会保障的边缘。城市居民，无论在养老、医疗、教育、社会救助方面，基本上能够享受到较为完善的社会保障。尤其是城市居民中的公务员和事业单位的职工，不仅能够享受到较为完善的社会保障，而且保障的水平还比较高。农村居民，在过去一段比较长的时间里，基本上享受不到社会保障。近几年，由于经济社会的发展，一部分农村居民也开始在一定范围内享受到社会保障，但农村的社会保障还存在两个大的问题：一是社会保障的覆盖面不广，有相当一部分农村居民还享受不到基本的社会保障；二是社会保障的水平还比较低，不能保障人民群众最基本的生活。

第二，农村居民的生活水平从总体上低于城市居民的生活水平。城乡发展的失衡还表现在，农村居民的生活水平从总体上低于城市居民的生活水平。20世纪70年代末到80年代初，我国开始实施农村改革，农民收入快速增长，城乡居民显性收入差距由1978年的2.57:1缩小到了1983年的1.76:1。20世纪80年代中期以后，改革开始转向城市和国营企业，农村由于家庭经营承包制提高劳动生产率的能量释放完毕，多数产品丰年有余，农民收入增长缓慢，城乡居民显性收入差距总体上不断扩大。近年来，在国家采取多种惠农措施的情况下，城乡收入比例基本维持在3:1左右，如果把城市居民收入中一些非货币因素，如住房、教育、医疗、社会保障等各种社会福利考虑在内，城乡居民的收入差距可能更高。

2013年，全国农村居民人均纯收入8 896元，城镇居民人均收入26 955元，城乡居民收入差距达到3倍多。反映人民群众生活水平的另一个基本的指标是耐用消费品的普及率，近年来，在国家有关政策的支持下，彩色电视机、手机、电冰箱等耐用消费品大量进入了农村居民家庭，但是跟城镇居民相比，仍然存在较大的差距，特别是在计算机、家用轿车等方面差距更大。

第三，农村的生产力发展水平远远落后于城市的生产力发展水平。从生产力水平方面看，我国农业的机械化水平虽然有了一定程度的提高，但是农业整体还没有从根本上摆脱靠天吃饭的局面，还没有从根本上摆脱主要依靠手工劳动的局面。而城市的生产力发展水平，则远远高于农村的生产力发展水平，城市的工业已经基本实现了机械化和现代化，城市的第三产业也有比较高的发展水平。从生产的效率看，目前我国从事第一产业（主要是农业）的劳动力占39%左右，而所创造的国内生产总值只占11%左右。城市无论在生产力发展的水平方面，还是在生产的效率方面，都明显地高于农村。

二、走城乡共同发展的道路是新形势下我国发展的必然选择

进入新世纪以后，我国的改革发展进入了一个新的时期，我们面临着前所未有的机遇，也面临前所未有的挑战。在新世纪新阶段，要保持国民经济持续、健康、稳定地发展，实现全面建成小康社会的奋斗目标，实现中华民族伟大复兴"中国梦"的战略目标，要求我们走城乡共同发展的道路，实现城乡的共同发展这是新形势下我国发展的必然选择。

第一，要保持国民经济持续、健康、稳定的发展，需要走城乡共同发展的道路。要在21世纪头二十年实现全面建成小康社会的奋斗目标，进而在21世纪中叶实现中华民族伟大复兴"中国梦"的战略目标，需要保持国民经济持续、健康、稳定的发展。从我国当前经济社会发展的实际看，要保持国民经济持续、健康、稳定的发展，需要解决好农村和农业发展的问题，解决好农民生活水平提高的问题。从农业看，农业是国民经济的基础，农业的发展，不仅可以满足13多亿人口对粮食、蔬菜、水果等基本生活资料的需要，而且还可以为部分工业，尤其是轻工业的发展提供原材料，农业发展不起来，就会影响到其他产业的发展。从农村看，农村是我国社会重要的组成部分，我国有近半数的人口生活在农村，没有农村的繁荣与稳定，就没有全国的繁荣与稳定，加快农村经济社会的发展，实现农村的繁荣与稳定，对推动和促进国民经济的持续、健康、稳定发展具有重

要的意义。从农民生活水平的提高看,到2013年,我国农村居民的人均收入只有8 896元,农村居民消费增长的空间还比较大,农村市场增长的空间也比较大,增加农民的收入,能够有效地扩大农村消费市场,有效地增加国内需求,从而促进经济的持续增长。所以,要保持国民经济的持续、健康、稳定发展,就需要加快农业和农村的发展,走城乡共同发展的道路。

第二,要实现全面建成小康社会的奋斗目标,需要走城乡共同发展的道路。进入新世纪后,我国的经济社会发展进入了一个新的时期,我们要在21世纪的头二十年实现全面建成小康社会的奋斗目标,需要加快农村经济社会的发展,因为:(1)全面的小康社会是就全国而言的,全面的小康社会不仅指城市的全面小康,也应该包括农村的全面小康,没有农村全面小康的实现,就没有全国全面小康社会的建成。(2)全面建成小康社会的目标是一个很高的要求。经过前二十多年的改革和发展,我们于21世纪初在总体上已经进入了小康社会,但仍是低水平的、不完全的、发展很不平衡的小康社会。比如,到2000年进入小康社会时,我们原定的16项监测指标和小康临界值有三项没有达到。一是农民的人均收入,指标是人均1 200元,实际达到1 066元;二是人均蛋白质日摄入量,指标是人均75克,实际达到73克;三是建成农村初级卫生保健基本合格县,原定指标是100%,实际上建成80%。这三项未完成的任务集中反映了一个问题,即城乡差别、地区差别和经济社会发展不协调已经影响到我们现代化建设的全局,而且,进入新世纪后城乡差别进一步扩大,因此,要实现全面建设小康社会的奋斗目标,重点在农村,难点也在农村。只有加快农村经济社会的发展,切实提高农民的收入水平和生活水平,走城乡共同发展的道路,才能确保在21世纪头二十年实现全面建成小康社会的奋斗目标。

第三,要实现中华民族伟大复兴"中国梦"的战略目标,需要走城乡共同发展的道路。我国在21世纪中叶,还要实现中华民族伟大复兴"中国梦"的战略目标,要实现这一战略目标,同样需要加快农村经济社会的发展,走城乡共同发展的道路,因为:(1)中华民族是一个整体,中华民族的伟大复兴不仅仅是城市和城市居民的复兴,还必须包括农村和农村居民的复兴,没有农村的发展和农民生活水平的改善和提高,就没有中华民族伟大复兴的实现。(2)我国虽然在2010年超过日本成为了世界第二大经济体,但是,我国2013年的人均收入只有5 400多美元,只是一个中等收入的国家。从总体上看,还是一个发展中国家,和美国等发达国家相比,还存在比较大的差距。其中,最大的差距是我国农村的发展和农业的发展远远落后于发达国家。只有加快农村经济社会的发展,逐步缩小城乡差距,才能实现中华民族伟大复兴的战略目标。(3)实现中华民族伟大复兴"中国梦"的战略目标,需要全国人民在中国共产党的领导下,经过长期的艰苦努力才能实现。只有加快农村经济社会的发展,切实提高农民的收入水平和生活水平,才能真正调动起广大农民的积极性、主动性、创造性,使他们自觉投身到中国特色社会主义建设的实践中,推动中华民族伟大复兴"中国梦"战略目标的实现。

第四,构建社会主义和谐社会,需要走城乡共同发展的道路。构建社会主义和谐社会是中国特色社会主义建设的应有之义,社会和谐是中国特色社会主义的本质属性,是国家富强、民族振兴、人民幸福的重要保证。构建社会主义和谐社会,就需要加快农村经济社会的发展,切实提高农民的收入水平和生活水平,走城乡共同发展的道路,因为:(1)城乡的和谐发展是社会主义和谐社会建设的一个重要内容。农村的发展长期滞后于城市的发展必然会影响到社会主义和谐社会的建设,加快农村经济社会的发展将对于促进城乡和谐发展,推动社会主义和谐社会建设有积极的作用。(2)农村居民和城市居民收入差距过大是当前我国产生诸多社会矛盾和问题的一个重要原因,也是产生一些社会不和谐现象的重要原因。加快农村经济社会的发展,提高农村居民的收入水平和生活水平,对于缓解我国当前的一些社会矛盾,促进社会主义和谐社会建设,也会有积极的作用。(3)城乡的二元结构,导致了农村居民和城市居民在教育、医疗和社会保障等方面的不平等,这些不平等同样会诱发一些社会不和谐的问题,影响社会主义和谐社会的建设。加快农村经济社会的发展,逐步解决社会公平的问题,将会对于促进社会主义和谐社会建设有积极的作用。

第二节 城乡共同发展需要实现包容性增长

一、城乡共同发展和包容性增长具有一致性

在发展过程中,党中央根据我国经济社会发展的实际,提出了统筹城乡经济社会发展,实现城乡经济社会共同发展的思想,让城市的发展包容农村的发展,让经济增长的成果更多地包容农村居民生活水平的提高,实现城乡的共同发展。

在建设中国特色社会主义的实践中，城乡共同发展和经济的包容性增长具有一致性，表现在：（1）经济包容性增长和城乡共同发展在目标上是一致的。城乡共同发展，从近期目标上看，是要通过加快农业和农村的发展，促进城乡经济的协调发展，促进农村居民收入水平的提高和生活水平的提高，从而保证国民经济持续、健康、稳定地发展；从长远来看，城乡共同发展，是要在实现经济社会持续、健康、稳定发展的基础上，达到促进社会的协调发展、促进社会全面进步和人的全面发展的目标。经济的包容性增长，从近期目标上看，是要通过经济增长途径、方式的调整，通过对经济增长成果分配的调整，既解决经济增长和社会发展过程中的一系列问题，又使作为国家和社会主人的人民群众能够公平地享受经济增长的成果，提高人民群众的生活水平；从长远来看，经济的包容性增长，既要推动经济社会的健康发展，又要切实提高人民群众的生活水平，最终达到促进社会全面进步和人的全面发展的目标。可见，城乡共同发展和经济包容性增长在总体目标上是一致的。（2）经济包容性增长和城乡共同发展在实现的基础上是一致的。经济的包容性增长首先是一种增长，要实现经济增长成果的公平共享，让经济增长的成果惠及绝大多数社会成员，并使经济的增长能够包容社会的建设，包容环境的改善，包容人民群众生活水平的提高，必须以经济持续稳定的增长为基础，从某种意义上看，没有增长就没有包容，包容性增长的基础是经济的持续稳定增长。实现城乡的共同发展，同样要建立在经济持续稳定增长的基础上。因为，无论是城乡发展差距的缩小，还是城市居民和农村居民收入差距的缩小，无论是农村基础设施的改善，还是农村公共服务体系的建设，无论是农村社会保障制度的完善，还是农村社会保障水平的提高，无论是农业科技的发展，还是农业劳动生产率的提高，都必须建立在经济持续稳定增长的基础上。所以，经济包容性增长和城乡共同发展都需要以经济的持续稳定增长为基础。（3）城乡共同发展和经济的包容性增长在实现的途径上是一致的。从我国目前的情况看，实现城乡的共同发展有很多的途径。比如，可以通过对农村的财政转移支付，加大对农村和农业的投入来实现城乡共同发展；可以通过推进农业人口转变为城市人口，推进城镇化建设来实现城乡共同发展；可以通过加强农业科技投入，推动农村劳动生产率的提高来实现城乡共同发展；可以通过加快农村社会保障制度的建设并大幅度提高农村社会保障水平来实现城乡共同发展。但是，城乡共同发展，最终要建立在经济增长的基础上，最终要通过经济的增长和社会的发展来实现。经济的包容性增长，从实现的途径上看，是要通过对经济增长途径、方式的调整，通过对经济增长成果分配的调整，既解决经济社会发展过程中的一些突出问题，又使经济增长的成果惠及社会全体成员，让社会全体成员能够公平地共享经济增长的成果。包容性增长首先是一种增长，没有增长，也就没有包容。所以，经济的包容性增长仍然要通过经济的增长和社会的发展来实现。可见，城乡共同发展和经济包容性增长在基本途径上是一致的。（4）经济包容性增长和城乡共同发展是相互促进的。城乡的共同发展和经济的包容性增长在中国特色社会主义建设中不是对立的，而是相互协调和相互促进的。经济的包容性增长既能够让城市的发展更好地包容农村的发展，让经济增长的成果更多地包容农村居民生活水平的提高，让经济增长的成果更多包容农村公共服务体系的建设，更好地包容农村社会保障体系的建设，从而推动和促进城乡的共同发展。城乡的共同发展，又能够逐步缩小城乡在发展上的差距，逐步缩小城乡居民在收入、生活水平、公共服务、社会保障等方面的差距，逐步改变城乡的二元结构，促进包容性增长的实现。既然城乡共同发展和经济包容性增长是相互协调和相互促进的，我们在推进改革开放和中国特色社会主义事业建设的过程中，就要把城乡共同发展和经济包容性增长统一起来，共同服务于全面小康社会的实现，共同服务于中华民族伟大复兴"中国梦"的实现。

二、走城乡共同发展的道路需要经济实现包容性增长

走城乡共同发展的道路是中国特色社会主义道路的重要组成部分，是党中央根据我国经济社会发展的实际做出的正确选择，我国坚持走城乡共同发展道路，就要求实现包容性增长。

第一，我国坚持走城乡共同发展道路，就要求城市的发展包容农村的发展。新中国成立时，我国还是一个比较典型的农业国，现代工业基本上没有建立起来，农业在国民经济中占有相当大的比重，农村人口也占全国人口的绝大多数。当时城乡之间的差距就已经存在了，只是由于城市的发展水平也不高，城乡之间的差距并不太突出和明显。新中国成立六十多年来，尤其是改革开放三十多年来，我国生产力和经济社会都得到了快速的发展，我国由一穷二白的落后的农业国发展成为一个初步繁荣富强的社会主义工业国，综合国力和人民群众的生活水平都得到了大幅度的提高。但在发展的过程中，由于种种复杂的原因，我国出现了城乡发展不平衡的问题，农村的发展落后于城市的发展，农民的收入水平和生活水平大大低于城市居民的收入水平和生活水平，形成了城乡的二元结构。城乡

二元结构的形成，不仅会影响到国民经济的持续、稳定、健康发展，而且还会影响到全面建设小康社会奋斗目标的实现，影响到中华民族伟大复兴战略目标的实现。城乡二元结构表明，我国在六十多年的发展中，城市的发展没有很好地包容农村的发展，致使城乡差距不断扩大，影响到了经济社会的健康发展。在"十二五"及今后一个较长的时期中，我们既要保持经济社会的较快发展，逐步缩小和发达国家之间的差距，又要更加重视农业和农村的发展，逐步缩小城乡在发展水平上的差距，改变城乡二元对立的现状，实现城乡的共同发展。这就要求我们在发展中要实现经济的包容性增长，让城市的发展更好地包容农村的发展，让经济增长的成果更多地包容农村的发展。

第二，我国坚持走城乡共同发展道路，就要求经济增长的成果要更多地包容农村居民生活水平的提高。城乡二元结构不仅表现在农业的生产力水平落后于工业的生产力水平，农村的发展落后于城市的发展，而且还表现在农村居民的收入水平和生活水平都低于城市居民的生活水平和收入水平。从收入水平看，进入新世纪后，2001年到2009年，城乡居民之间的收入比一直在扩大，收入差距的绝对数也在扩大。2001年，城乡居民之间的收入比为2.9∶1，收入差距的绝对数为4 494元；到2009年，城乡居民之间的收入比达到3.33∶1，收入差距的绝对数为12 022元；2010年，城乡居民之间的收入比缩小为3.23∶1，收入差距的绝对数为13 190元；2011年，城乡居民之间的收入比缩小为3.13∶1，收入差距的绝对数为14 833元。如果考虑到城市居民在教育、医疗、公共服务等方面还有一些隐性的收入，城乡居民之间在收入上的差距就更大。从生活水平看，城市居民在生活水平上也明显地高于农村居民。恩格尔系数是反映居民生活水平的一个基本数据，恩格尔系数越高，生活水平就越低。2000年，我国城镇居民的恩格尔系数为39.4%，农村居民的恩格尔系数为49.1%，相差近10个百分点；2009年，城镇居民恩格尔系数为36.5%，农村居民的恩格尔系数为41.0%，仍然差了近5个百分点。从耐用消费品进入家庭的比例看，传统的家用电器，如电视机、电冰箱、洗衣机等，城市居民家庭和农村居民家庭没有太大的差距，需要注意的是，虽然这些家电产品也基本上进入了农村消费市场，但是在质量上却与城市存在比较大的差距。一些新的耐用消费品，如轿车、计算机、摄像机、高档手机等，城市居民家庭和农村居民家庭仍存在较大的差距。农村居民的收入水平和生活水平都低于城市居民的收入水平和生活水平，说明经济增长的成果没有能够很好地包容农村居民生活水平的提高，影响到了经济的可持续发展，影响到了全面小康社会的建设。要在经济增长的基础上,大幅度地增加农民的收入,提高农民的生活水平,实现城乡的共同发展,就要求我们在发展中要实现经济的包容性增长,让经济增长的成果更多地包容农村居民收入的增长和生活水平的提高。

第三,我国坚持走城乡共同发展道路,就要求农村的发展也要包容城市的发展。走城乡共同发展道路,不仅要求城市的发展要包容农村的发展,而且要求农村的发展也要包容城市的发展,实现城市的发展和农村的发展的相互包容。农村的发展要包容城市的发展主要体现在,农村的发展要为城市的发展提供良好的发展基础,创造良好的发展条件:一是农业和农村的发展可以为社会提供丰富的、高品质的农副产品,对促进城市的发展、改善城市居民的生活品质、提高城市居民的生活水平,具有积极的促进作用;二是农业劳动生产率的提高使农村人口向城市的转移,不仅可以为城市的发展提供充足的劳动力资源,而且会有效地增加消费需求,推动城市经济的发展;三是农业和农村的发展还会进一步夯实国民经济的基础,为城市的进一步发展奠定坚实的基础;四是农村居民收入的增长和生活水平的提高会创造出巨大的国内需求,成为推动经济增长的基本动力,带动城市经济的持续、稳定发展。只有城市的发展和农村的发展实现了相互包容,形成良性的互动,才能真正实现城乡的共同发展。

第三节 新形势下坚持走共同发展道路 需要处理好的几个重要问题

一、加快推进农业科技创新,用科学技术推进农业和农村的发展

科学技术是第一生产力,国民经济的持续稳定增长,最终要依靠科学技术的进步来实现。"三农"问题的解决,农村、农业的发展,农村居民收入水平和生活水平的提高,最终也要依靠科学技术的进步来实现。所以,要加快推进农业科技创新,用科学技术推进农业和农村的发展,用科学技术促进农村居民收入水平和生活水平的提高。

实现农业持续稳定发展、长期确保农产品有效供给,根本出路在科技。农业科技是确保国家粮食安全的基础支撑,是突破资源环境约束的必然选择,是加快

现代农业建设的决定力量，具有显著的公共性、基础性、社会性。必须紧紧抓住世界科技革命方兴未艾的历史机遇，坚持科教兴农战略，把农业科技摆上更加突出的位置，下决心突破体制机制障碍，大幅度增加农业科技投入，推动农业科技跨越发展，为农业增产、农民增收、农村繁荣注入强劲动力。加快推进农业科技创新，用科学技术推进农业和农村的发展，重点要做好以下五个方面的工作：

第一，明确农业科技创新方向。着眼长远发展，超前部署农业前沿技术和基础研究，力争在世界农业科技前沿领域占据重要位置。面向产业需求，着力突破农业重大关键技术和共性技术，切实解决科技与经济脱节问题。立足我国基本国情，遵循农业科技规律，把保障国家粮食安全作为首要任务，把提高土地产出率、资源利用率、劳动生产率作为主要目标，把增产增效并重、良种良法配套、农机农艺结合、生产生态协调作为基本要求，促进农业技术集成化、劳动过程机械化、生产经营信息化，构建适应高产、优质、高效、生态、安全农业发展要求的技术体系。

第二，突出农业科技创新重点。稳定支持农业基础性、前沿性、公益性科技研究。大力加强农业基础研究，在农业生物基因调控及分子育种、农林动植物抗逆机理、农田资源高效利用、农林生态修复、有害生物控制、生物安全和农产品安全等方面突破一批重大基础理论和方法。加快推进前沿技术研究，在农业生物技术、信息技术、新材料技术、先进制造技术、精准农业技术等方面取得一批重大自主创新成果，抢占现代农业科技制高点。着力突破农业技术瓶颈，在良种培育、节本降耗、节水灌溉、农机装备、新型肥药、疫病防控、加工贮运、循环农业、海洋农业、农村民生等方面取得一批重大实用技术成果。

第三，完善农业科技创新机制。打破部门、区域、学科界限，有效整合科技资源，建立协同创新机制，推动产学研、农科教紧密结合。按照事业单位分类改革的要求，深化农业科研院所改革，健全现代院所制度，扩大院所自主权，努力营造科研人员潜心研究的政策环境。完善农业科研立项机制，实行定向委托和自主选题相结合、稳定支持和适度竞争相结合。完善农业科研评价机制，坚持分类评价，注重解决实际问题，改变重论文轻发明、重数量轻质量、重成果轻应用的状况。大力推进现代农业产业技术体系建设，完善以产业需求为导向、以农产品为单元、以产业链为主线、以综合试验站为基点的新型农业科技资源组合模式，及时发现和解决生产中的技术难题，充分发挥技术创新、试验示范、辐射带动的积极作用。落实税收减免、企业研发费用加计扣除、高新技术优惠等政策，支持企业加强技术研发和升级，鼓励企业承担国家各类科技项目，增强自主创新能力。积极培育以企业为主导的农业产业技术创新战略联盟，发展涉农新兴产业。加快农业技术转移和成果转化，加强农业知识产权保护，稳步发展农业技术交易市场。

第四，改善农业科技创新条件。加大国家各类科技计划向农业领域倾斜支持力度，提高公益性科研机构运行经费保障水平。支持发展农业科技创新基金，积极引导和鼓励金融信贷、风险投资等社会资金参与农业科技创新创业。继续实施转基因生物新品种培育科技等重大专项，加大涉农公益性行业科研专项实施力度。推进国家农业高新技术产业示范区和国家农业科技园区建设。按照统筹规划、共建共享的要求，增加涉农领域国家工程实验室、国家重点实验室、国家工程技术研究中心、科技资源共享平台的数量，支持部门开放实验室和试验示范基地建设。加强地市级涉农科研机构建设，鼓励有条件的地方纳入省级科研机构直接管理。加强国际农业科技交流与合作，加大力度引进消化吸收国外先进农业技术。加强农业气象研究和试验工作，强化人工影响天气基础设施和科技能力建设。

第五，着力抓好种业科技创新。科技兴农，良种先行。增加种业基础性、公益性研究投入，加强种质资源收集、保护、鉴定，创新育种理论方法和技术，创制改良育种材料，加快培育一批突破性新品种。优化调整种子企业布局，提高市场准入门槛，推动种子企业兼并重组，鼓励大型企业通过并购、参股等方式进入种业。建立种业发展基金，培育一批育、繁、推一体化大型骨干企业，支持企业与优势科研单位建立合作育种平台，鼓励科研院所、高等学校科研人员与企业进行资源的合作共享，加大动植物良种工程实施力度。

二、坚持教育均衡发展战略，大力发展农村教育

从深层次看，农村、农业的落后、农村居民收入水平低于城市居民的收入水平以及城乡二元结构形成的根源都在于农村教育的落后。新中国成立初期，我国在教育上面临的主要问题就是要让劳动人民的孩子，尤其是农民的孩子有学上，这是当时解决教育公平问题的基本出发点。基于这一实际，在新中国成立以后一个很长的时期内，我们因陋就简地在农村建设了大量的学校或教学点，经过几十年的努力，基本上解决了"有学上"的问题。在进入新世纪后，我国新的教育不公平问题出现了，即优质教育资源的分布相当不均衡，大中专院校基本都建立

在大中城市，义务教育阶段的绝大部分优质教育资源也分布在城市，导致农村的孩子和城市的孩子在享受教育资源方面不公平，从某个角度看，农村的孩子一开始就输在了起跑线上。农村、农业的落后和农村居民收入低在某种程度上是由农村教育的落后，特别是由农村优质教育资源不足造成的。所以，新形势下解决教育公平问题的思路、解决城乡二元结构的基本路径，就是坚持教育均衡发展战略，大力发展农村教育，扩大农村优质教育资源，实现教育的均衡发展，让农村居民和城市居民公平地享受到优质教育资源，从源头上解决城乡二元对立的问题。

从当前我国教育改革发展的实际看，坚持教育均衡发展战略，主要应做好以下几个方面的工作：一是调整农村中小学布局。一部分农村地区，特别是边远的农村地区，虽然建有学校（或教学点），但学校的基础设施和教师素质都比较差，无法为孩子提供优质教育资源。进行投入的话，投资的效益又比较低。对这样的学校（或教学点），可以根据情况适当撤并，然后在人口相对集中的地方投资建设一所基础设施好、教师素质高的中心学校。这样的学校，要能够基本上解决学生的食宿问题，这样，就能够为附近若干行政村的孩子提供优质的教育资源。每一个乡镇应建设一所有较好的基础设施且教学水平高的初级中学，每个县应建设一至二所高水平的高级中学。二是调整城市学校布局。随着农村大量劳动力向城市的转移，相当一部分农村的孩子需要到城市上学，而相当一部分城市的教育资源，尤其是优质教育资源，无法满足进城务工人员子女就学的需要。这就要求大中城市也需要对学校布局进行调整，适当增加一些教学设施完善、教学水平高的优质学校。尽可能地为进城务工人员子女提供良好的教育环境。三是大力发展职业教育。教育均衡发展不仅指义务教育均衡发展，同样指职业教育均衡发展。农村教育的落后，不仅是义务教育的落后，同时也是职业教育的落后。坚持教育均衡发展战略，就要求积极发展主要针对农村孩子的职业教育，包括中等职业教育和高等职业教育，提高农村孩子的素质，为他们今后的发展奠定良好的基础。

三、加快社会主义新农村建设

要逐步改变城乡二元结构，统筹城乡的发展，最终实现城乡的共同发展，还要加快社会主义新农村建设。建设社会主义新农村是新世纪新时期解决"三农"问题的重大战略部署和基本途径。

社会主义新农村建设有着丰富而深刻的内涵。社会主义新农村建设的基本目标是生产发展、生活宽裕、乡风文明、村容整洁、管理民主。这一目标表明，我们要建设的新农村，是社会主义经济建设、政治建设、文化建设、社会建设和党的建设协调推进的新农村，是农村"三个文明"共同发展的新农村，是富裕、民主、文明、和谐的新农村。它体现在五个"新"上。一是产业发展要形成"新格局"。加快建设现代农业、繁荣农村经济、提高农村生产力水平是建设新农村的首要任务。二是农民生活水平要实现"新提高"。千方百计增加农民收入、改善消费结构、提高农民生活质量是新农村建设的根本目标。三是乡风民俗要倡导"新风尚"。加强农村精神文明建设、发展农村社会事业、培养造就新型农民是新农村建设的重要内容。四是乡村面貌要呈现"新变化"。搞好乡村建设规划、加强农村基础设施建设、改善农村人居环境是新农村建设的关键环节。五是乡村治理要健全"新机制"。深化农村各项改革，加强基层民主和基层组织建设，创建平安乡村、和谐乡村，是新农村建设的有力保障。建设社会主义新农村，包括全面加强农村的社会主义经济建设、政治建设、文化建设、和谐社会建设和党的建设，这是党在农村工作的总体布局。

建设社会主义新农村是一项系统工程，具有长期性、艰巨性和复杂性。要按照中央确定的"三农"工作总体要求，深入贯彻落实科学发展观，把统筹城乡发展作为全面建设小康社会的根本要求，把改善农村民生作为调整国民收入分配格局的重要内容，把扩大农村内需作为拉动内需的关键举措，把发展现代农业作为转变经济增长方式的重大任务，把建设社会主义新农村和推进城镇化作为经济平稳较快发展的持久动力，按照稳粮保供给、增收惠民生、改革促统筹、强基增后劲的基本思路，切实推进社会主义新农村建设。

第十章　中国的包容性发展是均衡发展

区域发展的失衡是我国经济社会发展中存在的一个基本的问题，也是我国社会主义初级阶段的基本国情。区域发展的失衡不仅会影响到经济社会的持续、稳定、健康发展，而且会影响到全面建设小康社会奋斗目标的实现和中华民族伟大复兴的实现。实现区域的均衡发展，是全面建成小康社会的需要，是在21世纪中叶实现中华民族伟大复兴的必然选择。实现经济的包容性增长，就要求我国要坚持走区域均衡发展的道路，实现区域经济的均衡发展。

第一节　均衡发展是时代对我国发展的必然要求

一、我国目前在区域均衡发展中存在的问题

改革开放三十多年来，虽然我国经济社会得到了快速的发展，国家的综合实力和人民群众的生活水平也得到了大幅度的提高，但是，在经济社会的发展中，我们还存在诸多的问题和矛盾，其中，一个基本的问题就是区域发展失衡的问题。区域发展失衡主要表现在三个方面。

第一，区域经济发展水平的失衡。我国地域辽阔，由于历史、地理位置及经济基础等原因，不同区域经济发展水平差距比较大。总体看，是东部地区的发展水平高于中西部地区，中部地区的经济发展水平又高于西部地区。地区生产总值是反映地区经济发展水平的重要指标，根据相关资料显示，2013年，东部的广东省实现地区生产总值62 163.83亿元，人均GDP折合接近9 474美元，已达到中等发达国家水平；中部的湖南省实现地区生产总值24 501.7亿元，人均GDP折合为5 730美元左右，属于中等收入国家的水平；西部的云南省实现地区生产

总值 11 720.91 亿元，人均 GDP 折合为 4 062 美元左右，同样属于中低收入国家的水平；西部的西藏自治区实现地区生产总值 802 亿元，人均 GDP 折合为 4 204 美元左右，同样属于中低收入国家的水平。从地区生产总值看，差距最大的是广东和西藏，前者是后者的 77.5 倍；从人均收入看，2013 年天津的人均收入为 16 419 美元左右，而贵州的人均收入为 3 710 美元左右，天津的人均 GDP 为贵州的 4.4 倍。从工业基础和工业发展水平看，东部地区的工业基础和工业发展水平明显地高于西部地区。我国一些重要的产业部门中，技术水平和劳动生产率较高的企业大部分集中在东部地区，如在钢铁行业中，上海的宝山钢铁公司，其技术水平和劳动生产率在钢铁行业处于领先的地位；汽车行业中，技术水平和劳动生产率比较高的企业也绝大部分集中在东、中部地区，西部地区除了重庆有长安汽车外，基本上没有大的汽车企业。

第二，区域基础设施建设方面的失衡。我国区域发展的失衡，不仅表现在东部地区在经济发展水平方面高于中西部地区，而且表现在东西部地区在基础设施建设方面的失衡。东部地区在基础设施建设方面明显地好于西部地区。东部地区铁路、公路、民航机场的密度，大大高于西部地区。特别是东部的"长三角"地区（浙江、上海、江苏）基础设施建设已相当完善，并且处于比较高的水平，而西部地区的基础设施建设虽然在最近几年有了快速的发展，但和东部地区相比，仍然存在较大的差距。以云南省的公路建设和铁路建设为例，铁路建设方面，云南目前只有成昆铁路、贵昆铁路、南昆铁路和省外相连，省内也只有大丽铁路、昆玉铁路和昆河铁路；公路建设方面，目前云南的 16 个州市中，还有 4 个州市没有修通高速公路，县乡的道路等级还比较低，难以满足经济社会发展的需要。云南怒江、迪庆等边远地区，孩子上学过河甚至还要走溜绳，连简陋的桥梁都无力建设；而上海和杭州之间，虽然有杭州湾相隔，但投入了巨额资金建设杭州湾跨海大桥。这一对比，较为明显地看到了东西部地区在基础设施建设方面的差距。

第三，区域社会发展水平的失衡。我国区域发展的失衡还表现在东西部地区在社会发展发展水平方面的失衡。在社会发展水平方面，东部地区明显地高于中西部地区，特别是明显地高于西部地区。人均地区生产总值是反映一个地区社会发展水平的一个重要指标，2013 年，人均地区生产总值前十名的省份，东部地区占了 8 个（北京、天津、上海、浙江、江苏、广东、福建、山东），人均地区生产总值后十名的省份，西部地区占了 7 个（青海、四川、广西、云南、贵州、甘肃、西藏)。人均地区生产总值排在第一名的天津(人均 101 688.85 元)和排在最后一名的贵州(人均 22 981.60 元),相差近 5 倍。城市综合竞争力也是反映一个地区社会发展水平的基本指标。2010 年,城市综合竞争力前十名的城市,全部在东部地区。从教育的发展程度看,东部地区无论是基础教育、职业教育、高等教育的发展水平,都远远高于西部地区。东部地区的省份,"普九"的任务早就完成了,而西部的云南则刚刚完成了"普九"的任务。从高等教育看,东部地区高等院校的数量和水平都远远高于西部地区。2013 年,我国综合实力排名前十的高等院校,有 8 所在东部地区(北京大学、清华大学、浙江大学、南京大学、复旦大学、上海交通大学、中国人民大学、中山大学),2 所是中部地区的高校(武汉大学、华中科技大学),西部地区的高校没有一所能够进入前十名。

二、走区域均衡发展的道路是新形势下我国发展的必然选择

进入新世纪以后,我国的改革发展进入了一个新的时期,我们面临着前所未有的机遇,也面临前所未有的挑战。在新世纪新阶段,要保持国民经济的持续、健康、稳定发展,实现全面建成小康社会的奋斗目标,实现中华民族伟大复兴"中国梦"的战略目标,要求我们走区域均衡发展的道路。实现区域的均衡发展是新形势下我国发展的必然选择。

第一,要保持国民经济持续、健康、稳定的发展,需要走区域均衡发展的道路。要在 21 世纪头二十年实现全面建成小康社会的奋斗目标,进而在 21 世纪中叶实现中华民族伟大复兴"中国梦"的战略目标,需要保持国民经济的持续、健康、稳定发展。从我国当前经济社会发展的实际看,要保持国民经济的持续、健康、稳定发展,需要解决好区域经济协调发展的问题,解决好中西部地区发展问题。西部地区地域广阔,资源丰富,既是全国经济社会发展的战略纵深地区,也是我国未来发展的基本增长地区,既能够为全国经济的发展提供丰富的劳动力和市场,又能够为全国经济社会的发展提供资源支撑。西部地区发展不起来,就会影响到东部地区的发展,从而影响到国民经济的持续、健康、稳定发展。西部地区大部分又是边疆少数民族地区,西部地区的发展还关系到边疆的稳定和国防的巩固,西部地区发展不起来,边疆不稳定,国防不巩固,最终同样会影响到国民经济的持续、健康、稳定发展。所以,要保持国民经济的持续、健康、稳定发展,就需要加快中西部地区的发展,走区域均衡发展的道路。

第二,要实现全面建成小康社会的奋斗目标,需要走区域均衡发展的道路。

进入新世纪后,我国的经济社会发展进入了一个新的时期,我们要在21世纪的头二十年实现全面建设小康社会的奋斗目标,需要加快中西部地区的发展,因为:(1)全面的小康社会是就全国而言的,全面的小康社会不仅是指对东部地区的全面小康,也应该包括中西部地区的全面小康,没有中西部地区全面小康的实现,就没有全国全面小康社会的建成。(2)全面建成小康社会的目标,是一个很高的要求。经过前二十多年的改革和发展,我们于21世纪初在总体上已经进入了小康社会,但这个小康社会仍是低水平的、不完全的、发展很不平衡的小康社会。我们要在21世纪的头二十年实现全面建设小康社会的奋斗目标,重点在农村和西部地区,重中之重在西部地区的农村。目前,我国政府确定的14个连片特困地区,有12个集中在中西部地区,不解决好中西部地区的发展问题,尤其是不解决好12个连片特困地区发展的问题,西部地区尤其是西部贫困地区人民群众的生活水平就得不到改善和提高,西部地区就不能和全国同步实现全面小康。因此,要实现全面建设小康社会的奋斗目标,只有加快中西部地区经济社会的发展,切实提高中西部地区人民群众的收入水平和生活水平,走区域均衡发展的道路,才能确保在21世纪头二十年实现全面建成小康社会的奋斗目标。

第三,要实现中华民族伟大复兴的战略目标,需要走区域均衡发展的道路。我国在21世纪中叶,还要实现中华民族伟大复兴的战略目标,要实现这一战略目标,同样需要加快中西部地区经济社会的发展,走区域均衡发展的道路,因为:(1)中华民族是一个整体,中华民族的伟大复兴,不仅仅是东部地区的复兴,还必须包括中部地区和西部地区的复兴,没有中西部地区经济社会的发展,没有中西部地区人民群众生活水平的改善和提高,就没有中华民族伟大复兴"中国梦"的实现。(2)我国虽然在2010年超过日本成为了世界第二大经济体,但是,我国2013年的人均收入只有7 000美元左右,只是一个中等收入的国家。从总体上看,我国还是一个发展中国家,和美国等发达国家相比,还存在比较大的差距。东部地区经过改革开放三十多年的发展,经济社会发展已经具备了一定的水平,和发达国家相比,虽然有差距,但差距不是很大;西部地区经济社会发展水平在全国就处于落后的地位,和发达国家相比存在的差距更大。只有加快中西部地区经济社会的发展,逐步缩小区域发展的差距,才能实现中华民族伟大复兴"中国梦"的战略目标。(3)实现中华民族伟大复兴"中国梦"的战略目标,需要全国人民在中国共产党的领导下,经过长期的艰苦努力才能实现。只有加快中西部地区经济社会的发展,切实提高中西部地区人民群众的收入水平和生活水平，才能真正调动起他们的积极性、主动性、创造性，使他们自觉投身到中国特色社会主义建设的实践中，推动中华民族伟大复兴"中国梦"战略目标的实现。

第四，构建社会主义和谐社会，需要走区域均衡发展的道路。构建社会主义和谐社会是中国特色社会主义建设的应有之义，社会和谐是中国特色社会主义的本质属性，是国家富强、民族振兴、人民幸福的重要保证。构建社会主义和谐社会，就需要加快中西部地区经济社会的发展，走区域均衡发展的道路，因为：(1) 区域的均衡发展是社会主义和谐社会建设的一个重要内容，西部地区的发展长期落后于东部地区的发展，必然会影响到社会主义和谐社会的建设，加快西部地区经济社会的发展，对于促进区域的和谐发展，推动社会主义和谐社会建设，具有积极的作用。(2) 西部地区和东部地区经济社会发展水平的差距及西部地区和东部地区人民群众收入的差距是引发当前我国诸多社会矛盾和问题的一个重要原因，也是导致一些社会不和谐现象的重要原因。加快西部地区经济社会的发展，提高西部地区人民群众的收入水平和生活水平，对于缓解这些社会矛盾，促进社会主义和谐社会建设，同样会有积极的作用。(3) 西部地区和东部地区经济社会发展水平的差距，导致了西部地区的居民和东部地区居民在教育、医疗和社会保障等方面的不平等，这些不平等同样会诱发一些社会不和谐的问题，影响社会主义和谐社会的建设。加快西部地区经济社会的发展，逐步解决社会公平的问题，对于促进社会主义和谐社会建设，同样会有积极的作用。

第二节 均衡发展需要实现包容性增长

一、区域均衡发展和包容性增长具有一致性

在发展过程中，党中央根据我国经济社会发展的实际，提出了统筹区域经济社会发展，实现区域均衡发展的思想，让东部地区的发展包容中西部地区的发展，让经济增长的成果更多地包容中西部地区的发展，包容中西部地区居民生活水平的提高，实现区域均衡发展。在建设中国特色社会主义的实践中，区域均衡发展和经济的包容性增长具有一致性，表现在：(1) 经济包容性增长和区域均衡发展在目标上是一致的。区域均衡发展，从近期目标上看，是要通过加快中西部地区的发展，促进区域经济的协调发展，促进西部地区经济社会发展水平的提

高，促进西部地区居民收入水平的提高和生活水平的提高，从而保证国民经济持续、健康、稳定地发展。从长远来看，区域均衡发展，是要在实现经济社会持续、健康、稳定发展的基础上，达到促进区域经济社会的协调发展、促进社会全面进步和人的全面发展的目标。经济的包容性增长，从近期目标上看，是要通过经济增长途径、方式的调整，通过对经济增长成果分配的调整，既解决经济增长和社会发展过程中的一系列问题，又使作为国家和社会主人的人民群众能够公平地享受经济增长的成果，提高人民群众的生活水平；从长远来看，经济的包容性增长，既要推动经济社会的健康发展，又要切实提高人民群众的生活水平，最终达到促进社会全面进步和人的全面发展的目标。可见，区域均衡发展和经济包容性增长在总体目标上是一致的。（2）经济包容性增长和区域均衡发展在实现的基础上是一致的。经济的包容性增长首先是一种增长，要实现经济增长成果的公平共享受，让经济增长的成果惠及绝大多数社会成员，并使经济的增长能够包容社会的建设，包容环境的改善，包容人民群众生活水平的提高，这一切都必须建立在经济持续稳定增长的基础上，从某种意义上看，没有增长就没有包容，包容性增长的基础是经济的持续稳定增长。实现区域经济社会的均衡发展，同样要建立在经济持续稳定增长的基础上，因为，无论是区域发展差距的缩小，还是中西部地区居民收入水平和生活水平的提高和改善，无论是中西部地区基础设施的改善，还是中西部地区公共服务体系的建设，无论是中西部地区社会保障制度的完善，还是中西部地区社会保障水平的提高，都必须建立在经济持续稳定增长的基础上。所以，经济包容性增长和区域均衡发展都需要以经济的持续稳定增长为基础。（3）区域均衡发展和经济的包容性增长在实现的途径上是一致的。从我国目前的情况看，实现区域均衡发展，有很多的途径。比如，可以通过对西部地区的财政转移支付，加大对西部地区的投入来实现区域均衡发展；可以通过制定和实施对中西部地区的优惠政策来实现区域均衡发展；可以通过加快中西部地区的基础设施建设来实现区域均衡发展；可以通过加快中西部地区社会事业的发展来实现区域均衡发展。但是，区域均衡发展，最终要建立在经济增长的基础上，最终要通过经济的增长和社会的发展来实现。经济的包容性增长，从实现的途径上看，是要通过对经济增长途径、方式的调整，通过对经济增长成果分配的调整，既解决经济社会发展过程中的一些突出问题，又使经济增长的成果惠及社会全体成员，让社会全体成员能够公平地共享经济增长的成果。包容性增长首先是一种增长，没有增长，也就没有包容。所以，经济的包容性增长仍然要通过经济的增长和社会的发展来实现。可见，区域均衡发展和经济包容性增长在基本途径上是一致的。（4）经济包容性增长和区域均衡发展是相互促进的。区域均衡发展和经济的包容性增长在中国特色社会主义建设中，不是对立的，而是相互协调和相互促进的。经济的包容性增长既能够让东部地区的发展更好地包容西部地区的发展，让经济增长的成果更多地包容西部地区居民生活水平的提高，让经济增长的成果更多地包容西部地区公共服务体系的建设，更好地包容西部地区社会保障体系的建设，从而推动和促进区域之间的均衡发展。区域的均衡发展，又能够逐步缩小不同区域之间在发展上的差距，逐步缩小不同区域之间居民在收入、生活水平、公共服务、社会保障等发展的差距，逐步改变区域发展失衡的现状，促进包容性增长的实现。既然区域均衡发展和经济包容性增长是相互协调和相互促进的，我们在推进改革开放和中国特色社会主义事业的过程中，就要把区域均衡发展和经济包容性增长统一起来，共同服务于全面建成小康社会奋斗目标的实现，共同服务于中华民族伟大复兴"中国梦"的实现。

二、走区域均衡发展的道路，需要经济实现包容性增长

走区域均衡发展的道路是中国特色社会主义道路的重要组成部分，是党中央根据我国经济社会发展的实际做出的正确选择，我国坚持走区域均衡发展道路，就要求实现包容性增长。

第一，我国坚持走区域均衡发展道路，就要求东部地区的发展要包容中西部地区的发展。新中国成立时，我国区域经济发展之间虽然存在一定的差距，但东西部在经济社会发展方面的差距不是很大。新中国成立后，基于战略的考虑，我们在西部地区建立了一批工业企业（主要是"三线建设"期间建立起来的企业），在一定程度上缩小了西部地区和东部地区在发展上的差距。改革开放以来，由于历史、地理位置、经济基础、政策等各种原因，东部地区的发展大大快于中西部地区，东西部地区在经济社会发展上的差距逐步拉大，西部地区无论在经济发展水平方面，还是在基础设施建设方面，无论是在教育方面，还是在医疗卫生方面，无论是在社会保障方面，还是在公共服务方面，无论是在科技水平方面，还是在劳动生产率发展方面，都和东部地区存在较大的差距，区域经济发展不平衡的问题日益突出。区域发展的失衡，不仅会影响到国民经济的持续、稳定、健康发展，而且还会影响到边疆的稳定和国防的巩固，会影响到全面建成小康社会奋斗目标的实现，影响到中华民族伟大复兴战略目标的实现。区域发展的失衡表

明,我国在六十多年的发展中,东部地区的发展没有很好地包容西部地区的发展,致使区域差距不断地扩大,影响到了经济社会的健康发展。在"十二五"及今后一个较长的时期中,我们既要保持东部地区的经济社会较快的发展速度,逐步缩小和发达国家之间的差距,又要重视西部地区的发展,逐步缩小东部地区和中西部地区在发展水平上的差距,改变区域发展失衡的现状,实现区域均衡发展。这就要求我们在发展中要实现经济的包容性增长,让东部地区的发展更好地包容西部地区的发展,让经济增长的成果更多地包容西部地区的发展。

第二,我国坚持走区域均衡发展的道路,就要求经济增长的成果要更多地包容中西部地区人民生活水平的提高。区域发展的失衡,不仅表现在西部地区的生产力水平落后于东部地区的生产力水平,西部地区经济社会发展水平落后于东部地区的经济社会发展水平,而且还表现在西部地区居民的收入水平和生活水平都低于东部地区居民的收入水平和生活水平。从收入水平看,2013 年,人均地区生产总值前十名的省份,东部地区占了 8 个(北京、天津、上海、浙江、江苏、广东、福建、山东),人均地区生产总值后十名的省份,西部地区占了 7 个(青海、四川、广西、云南、贵州、甘肃、西藏)。人均地区生产总值排在第一名的天津(人均 101 688.85 元)和排在最后一名的贵州(人均 22 981.60 元),相差近 5 倍。我国的贫困地区、特困地区绝大部分集中在中西部地区,全国 8 249 万左右的农村贫困人口(2013 年数据,按照农民人均年纯收入 2 300 元标准计算)也绝大部分集中在中西部地区。贫困地区,尤其是中西部贫困地区人民群众的生活水平还比较低,有相当一部分贫困人口连基本的生活需求都无法得到满足。当东部地区的人民群众幸福地迈进了小康社会,过上比较富裕的生活时,西部地区的人民群众还在为小康社会的实现而努力,西部贫困地区的人民群众还在为温饱和生存而努力。西部地区居民的收入水平和生活水平都低于东部地区居民的收入水平和生活水平,说明经济增长的成果没有能够很好地包容西部地区居民生活水平的提高,影响到了经济的可持续发展,影响到了全面小康社会的建设。要在经济增长的基础上,大幅度地提高西部地区居民的收入水平和生活水平,实现区域均衡发展,就要求我们在发展中要实现经济的包容性增长,让经济增长的成果更多地包容西部地区居民收入的增长和生活水平的提高。

第三,我国坚持走区域均衡发展道路,就要求中西部地区的发展也要包容东部地区的发展。走区域均衡发展道路,不仅要求东部地区的发展要包容中西部地区的发展,而且要求中西部地区的发展也要包容东部地区的发展,实现东部地区发展和中西部地区发展的相互包容。中西部地区的发展要包容东部地区的发展主要体现在，中西部地区的发展要为东部地区的发展提供劳动力、市场和资源的支撑，为东部地区的发展创造良好的发展条件。表现在：一是中西部地区发展，可以为东部地区的发展提供充足的劳动力。东部地区经济社会的快速发展对劳动力的需求比较大，东部地区的劳动力资源已经满足不了东部地区经济社会发展的需要。目前，东部的广东、上海、江苏、浙江等省市，已经感觉到了劳动力不足对经济社会发展的影响，而中西部地区，如河南、四川、云南等省有丰富的劳动力资源，加快中西部地区经济社会的发展，提高劳动者的素质，就能够为东部地区提供充足的劳动力资源。二是中西部地区发展可以为东部地区的发展提供广阔的市场。中西部地区由于经济社会发展水平较低，人民群众的收入水平和生活水平相应也比较低，可开拓的市场空间也比较大。加快中西部地区的发展，提高中西部地区人民群众的收入水平和生活水平，就能够有效地增加消费需求，扩大市场的容量，为东部地区的发展提供市场支撑。三是中西部地区发展可以为东部地区的发展提供资源支撑。中西部地区是我国资源比较富聚的地区，我国的石油、煤炭、水电、有色金属等经济社会发展所需要的重要的自然资源，大部分积聚在中西部地区。加快中西部地区的发展，一方面能对中西部地区资源的合理开发利用起到积极的作用，另一方面也能为东部地区的发展提供资源支撑。同时，中西部地区的发展，还会进一步夯实我国经济发展的基础，为东部地区的进一步发展奠定坚实的基础。只有东部地区的发展和中西部地区的发展实现了相互包容，形成良性的互动，才能真正实现区域的均衡发展。

第三节　新形势下坚持走均衡发展道路需要处理好的几个重要问题

一、继续实施西部大开发战略，加快西部地区的发展

西部地区的相对落后，既有历史和自然的原因，也有政策扶持方面的原因，因此要改变西部地区落后的现状，也需要中央从政策上进行扶持。2000年中央决定实施西部大开发战略，就是对西部地区最好的政策扶持。目前，要根本改变

西部地区落后的现状，就要继续实施西部大开发战略，加快西部地区的发展。

西部地区特指陕西、甘肃、宁夏、青海、新疆、四川、重庆、云南、贵州、西藏、广西、内蒙古12个省、自治区和直辖市。实施西部大开发战略，就是要依托亚欧大陆桥、长江水道、西南出海通道等交通干线，发挥中心城市的作用，以线串点，以点带面，逐步形成中国西部有特色的西陇海—兰新线、长江上游、南（宁）贵、成昆（明）等跨行政区域的经济带，带动其他地区的发展，有步骤、有重点地推进西部大开发战略的实施。西部大开发的目标是努力实现西部地区经济又好又快地发展，人民生活水平持续稳定提高，基础设施和生态环境建设取得新突破，重点区域和重点产业的发展达到新水平，教育、卫生等基本公共服务均等化取得新成效，构建社会主义和谐社会迈出扎实步伐。西部大开发总的战略目标是：经过几代人的艰苦奋斗，到21世纪中叶全国基本实现现代化时，从根本上改变西部地区相对落后的面貌，建成一个经济繁荣、社会进步、生活安定、民族团结、山川秀美、人民富裕的新西部。

西部大开发战略实施的十多年的时间里取得了巨大成就。特别是"十一五"时期，是西部地区经济社会发展最快、城乡面貌变化最大、人民群众得到实惠最多、对国家贡献最突出的5年，有力地促进了我国区域协调发展。西部地区经济社会发展已站在新的历史起点上，进入了新的发展阶段。第一，西部地区经济实力大幅提升。"十一五"以来，西部地区综合实力显著增强，增速明显加快，质量大幅提升。西部地区生产总值占全国比重由2005年的16.9%提高到2010年的18.6%，年均增速达到13.6%，高于"十五"期间的2.3%，居于同期全国四大板块增速之首。第二，基础设施建设取得突破性进展。"十一五"以来，累计新开工西部大开发重点工程73项，投资总规模1.9万亿元。第三，生态建设和环境保护成效显著。退耕还林、退牧还草、天然林保护、京津风沙源治理等重点生态工程扎实推进。第四，社会事业加快发展。"两基"攻坚计划如期完成，"两基"人口覆盖率达99.5%。县、乡、村三级卫生机构建设稳步推进，新型农村合作医疗制度参合率达91.5%。博物馆、文化馆、综合文化站等文化场馆建设步伐加快，城镇职工基本医疗保险参保人数和城镇居民基本医疗保险参保人数大幅增加。城乡居民收入分别从8 783元、2 379元增加到15 806元、4 418元，年均分别增长12.5%和13.2%，比东部地区分别高出0.8和1.7个百分点，西部地区贫困人口大幅减少。第五，改革开放不断深化。各项改革步伐逐步加快，投资发展环境明显改善。

当前和今后一个时期，世界经济格局的深刻变动，我国与周边国家区域经济一体化深入发展，全球新一轮技术革命的启动，西部地区投资环境和发展条件不断改善，为西部地区提供了难得的发展机遇。同时，我们也要看到，西部大开发是一项长期而艰巨的任务，依然任重道远。西部地区与东部地区发展水平的差距仍然较大，人均地区生产总值绝对值差距从1.5万元扩大到2.4万元。基础设施落后、生态环境脆弱的制约仍然存在，交通设施与全国平均水平均存在很大差距，西南地区工程性缺水和西北地区资源型缺水的矛盾十分突出，生态环境总体恶化的趋势尚未得到根本扭转。经济结构不合理、自我发展能力不强的状况仍然未得到根本改变，产业层次不高，产品市场竞争力不强，面临既要加快发展，实现赶超，又要调整结构，加快转变发展方式的双重任务。贫困面广量大、基本公共服务能力薄弱的问题仍然突出，全国2/3的贫困人口集中分布在西部地区。教育、卫生等服务质量和水平相对较低。加强民族团结、维护社会稳定的任务仍然繁重，西部地区仍然是我国全面建成小康社会的难点和重点。

"十二五"期间及今后一个时期，继续实施西部大开发战略的基本思路是：进一步解放思想，开拓创新，进一步加大投入，强化支持，以增强自我发展能力为主线，以改善民生为核心，以科技进步和人才开发为支撑，更加注重基础设施建设，着力提升发展保障能力；更加注重生态建设和环境保护，着力建设美好家园和国家生态安全屏障；更加注重经济结构调整和自主创新，着力推进特色优势产业发展；更加注重社会事业发展，着力促进基本公共服务均等化和民生改善；更加注重优化区域布局，着力培育新的经济增长极；更加注重体制机制创新，着力扩大对内对外开放。根据这一思路，深入实施西部大开发战略的总体目标是：到2015年，西部地区特色优势产业体系初步形成，经济总量比2008年翻一番；基础设施不断完善，经济社会发展支撑能力进一步增强；重点生态区综合治理取得积极进展，森林覆盖率达到19%左右，单位地区生产总值能耗明显降低；社会事业加快发展，基本公共服务能力显著提高；城乡居民收入加快增长，与经济发展速度的差距逐步缩小。到2020年，西部地区发展迈上三个大台阶，基本实现全面建成小康社会奋斗目标，即西部地区综合经济实力上一个大台阶，基础设施更加完善，现代产业体系基本形成，建成国家重要的能源基地、资源深加工基地、装备制造业基地和战略性新兴产业基地，综合经济实力进一步增强；人民生活水平和质量上一个大台阶，基本公共服务能力与东部地区差距明显缩小；生态环境保护上一个大台阶，生态环境恶化趋势得到遏制。

二、中西部地区要充分利用自己的优势,实现跨越式发展

中西部地区和东部地区较大的发展差距表明,中西部地区如果按照常规的发展速度,是很难缩小与东部地区在发展方面的差距的。中西部地区只有充分利用自己的优势,实现跨越式发展,才能逐步缩小和东部地区的发展差距,实现区域经济的协调发展。

所谓"跨越式发展",是指一定历史条件下落后者对先行者走过的某个发展阶段的超常规的赶超行为。既然是"超常规",它就不是通过单纯地加快速度可以实现的。跨越式发展是一种快速度的发展,要在遵循发展规律的前提下,用尽可能短的时间达到目标;跨越式发展是一种高水平的发展,要在科技进步的推动下,努力实现产业、技术、质量、效益的新跨越;跨越式发展是一种赶超先进的发展,要在提高综合竞争力的前提下,缩小与发达地区的差距,甚至赶上和超过发达地区;跨越式发展不仅是一种超常规的发展,而且也是一种非均衡的发展,即它不是全面、平行地推进,而是可以在不同的领域有先有后、有所侧重;跨越式发展是一种可持续发展,要在经济社会发展和人口、资源、环境相协调的情况下,提高可持续发展能力,使经济社会发展始终充满生机和活力。

中西部地区要实现跨越式发展,逐步缩小和东部地区的发展差距,必须要充分利用好自己的优势。中西部的每一个省市区,都有自己的优势,如东北地区的黑龙江、辽宁、吉林是我国的老工业基地,工业发展的基础比较好,工业发展的人才也比较多,该地区在实现工业转型之后,就能够以超常规的速度实现跨越式发展。内蒙古、新疆等地区有煤炭、石油、天然气等丰富的自然资源,有广阔的国土面积,如果能够较好地把资源优势转化为经济优势,同样能够实现跨越式发展。云南是西部地区一个相对落后的省份,2013 年,云南实现地区生产总值 11 720.9 亿元,在全国排名第 24 位,和东部地区的广东、山东、江苏、浙江相比,存在较大的差距;2011 年,云南的经济总量相当于广东的 18.85%、山东的 19.8%、江苏的 21.6%、浙江的 31.2%。但是,云南在发展上也有明显的优势,云南有丰富的矿产资源、水能资源、旅游资源和生物资源。如果能够依托现代科技,像烟草业一样把资源优势转化为产业优势、经济优势,在有色金属的深加工、大型水电站的建设、特色农业、生物制药等领域,培育出一批优势区域、特色企业,就能够实现跨越式发展,逐步缩小和东部地区的差距。特别是在当前,云南加快建设面向西南开放重要桥头堡的战略,历史性地把云南推向全国对外开

放的前沿，这一重大战略是中央统筹国内国外两个大局做出的重大决策，提升了云南在全国开放格局中的重要地位，为云南实现跨越式发展提供了重大契机，增强了云南实现跨越式发展的重要动力。"十二五"期间，云南要紧紧围绕建设绿色经济强省、民族文化强省和中国面向西南开放重要桥头堡战略目标，坚持科学发展、和谐发展、跨越发展，以加快转变经济发展方式为主线，以改善民生为根本，以奋力跨越为关键，解放思想、开拓创新，夯实基础、壮大实力，加力提速全面建设小康社会步伐，从而充分发挥好云南的优势，实现云南的跨越式发展。

三、注重实现基本公共服务均等化，引导生产要素跨区域流动

为推动区域协调发展，逐步缩小区域发展差距，必须注重实现基本公共服务均等化，引导生产要素跨区域合理流动，这是我国未来相当长的时期内缩小区域发展差距，促进区域协调发展的基本途径。

我国地域辽阔，由于历史、地理位置及经济基础、政策扶持等多方面的原因，各地经济社会发展水平差异很大。改革开放以来，特别是实施西部大开发、振兴东北地区等老工业基地、促进中西部崛起、鼓励东部地区率先发展的区域发展政策实施以来，各地经济社会发展水平有了很大的提高，人民群众的生活水平也有了很大的改善，但因区域发展不协调、发展差距拉大的趋势仍未从根本上得到改变，所以，应按照中央的要求，继续实施统筹区域发展总体战略，加大对革命老区、民族地区、边疆地区、贫困地区发展扶持力度，帮助资源枯竭地区实现经济转型，更好地发挥经济特区、上海浦东新区、天津滨海新区在改革开放和自主创新中的排头兵作用。但是，我们应当看到，区域发展差距是自然、历史、经济综合作用的结果，具有一定的客观必然性，解决起来具有一定的长期性。所以，缩小区域发展差距不能只注重经济总量，还应注重不同区域的人民生活水平，实现注重缩小区域间公共服务的差距，推进城乡公共服务均等化，实现城乡、区域协调发展，使不同区域的人民群众平等参与现代化进程、共享改革发展成果，不断缩小生活水平的差距，是比较切合实际的要求。

我国有近1/3的国土属于难以开发利用、不适宜人类居住和生产的空间。根据这一基本国情，要加强国土规划，按照形成主体功能区的要求，完善区域政策，调整经济布局。要按照资源、环境的承载能力、现有开发基础和未来发展潜力，统筹考虑未来人口分布、经济分布、国土利用和城镇化格局，引导生产要素跨区域合理流动。要创造条件引导中西部劳动力向经济相对集中的地区转移，充

分发挥这些地区的人口承载力。要引导资金、技术等生产要素向中西部地区流动，增强中西部地区的经济实力。通过人口和生产要素的合理流动，促进区域协调发展，逐步缩小发展差距。

参考文献

[1] 中共中央宣传部理论局. 从怎么看到怎么办？[M]. 北京：学习出版社，北京：人民出版社，2011.

[2]《中国未来走向》编写组. 中国未来走向：聚焦高层决策与国家战略布局[M]. 北京：人民出版社，2009.

[3] 杨继绳. 中国当代社会阶层分析[M]. 南昌：江西高校出版社，2011.

[4] 中国国情读本[M]. 2015版. 北京：新华出版社，2015.

[5] 黄苇町. 苏共亡党十年祭[M]. 南昌：江西高校出版社，2004.

[6] 周利兴. 中国特色社会主义理论的若干思考[M]. 昆明：云南大学出版社，2014.

[7] 王定国. 中国历史[M]. 昆明：云南大学出版社，2003.

[8] 周利兴. 从毛泽东思想到中国特色社会主义理论[M]. 昆明：云南大学出版社，2009.

[9] 十八大报告学习辅导读本[M]. 北京：人民出版社，2012.

[10] 周利兴，范德华. 社会主义制度优越性探研[M]. 昆明：云南大学出版社，2010.

后　记

在昆明学院和云南大学出版社的支持下,《中国的包容性发展》一书终于和读者见面。在此,对关心、支持本书出版的各位领导、专家、编辑表示最真诚的感谢。

《中国的包容性发展》一书,从2011年开始撰写,经过两年的时间完成了初稿。初稿完成后,在听取了几位专家的意见后,对书稿进行了三次修改,2014年初,《中国的包容性发展》一书最后定稿。在本书的撰写和修改过程中,云南旅游职业学院的周利兴教授、云南大学的廖国强教授对本书的撰写和修改提出了宝贵的意见。在此,对周利兴、廖国强两位教授的关心、支持表示诚挚的谢意。

由于本人水平有限,书中难免存在不足之处,恳请读者提出宝贵的意见和建议,以便进一步修订、完善。

周　燕

2015年5月于昆明